国家级职业教育规划教材
人力资源社会保障部职业能力建设司推荐
国家级职业教育规划教材
全国职业院校学前教育专业教材

第3版

幼儿
语言教育活动设计与指导

杨荣辉　主编

中国劳动社会保障出版社

简　介

本教材为国家级职业教育规划教材。

本教材以幼儿园几种典型的语言教育活动内容为主线，结合活动案例的设计与指导方法，在介绍了幼儿语言教育的概念、目标与内容的基础上，对幼儿谈话活动、讲述活动、语言游戏活动、文学作品活动和早期阅读活动的相关知识进行了全面阐述。

本教材由杨荣辉任主编，刘媛微、杨苍芝、吴金凤、龚秀红、张丽丽、周新新、刘乐琼、魏迎迎参与编写，王冬岩审稿。

感谢中国科学院第七幼儿园、第三幼儿园，以及河北师范大学汇华学院附属幼儿园为本教材提供部分优秀教学案例。

图书在版编目（CIP）数据

幼儿语言教育活动设计与指导 / 杨荣辉主编. -- 3 版. -- 北京：中国劳动社会保障出版社，2020

全国职业院校学前教育专业教材

ISBN 978-7-5167-4578-6

Ⅰ.①幼…　Ⅱ.①杨…　Ⅲ.①学前教育－语言教学－高等职业教育－教材　Ⅳ.①G613.2

中国版本图书馆 CIP 数据核字（2020）第 166267 号

中国劳动社会保障出版社出版发行

（北京市惠新东街 1 号　邮政编码：100029）

*

北京市艺辉印刷有限公司印刷装订　新华书店经销

787 毫米 × 1092 毫米　16 开本　11.75 印张　200 千字

2020 年10月第 3 版　2024 年12月第 6 次印刷

定价：27.00 元

营销中心电话：400-606-6496

出版社网址：http://www.class.com.cn

http://jg.class.com.cn

前言

学前教育是终身学习的开端，是国民教育体系的重要组成部分，是重要的社会公益事业。学前教师教育担负着培养学前师资的重任，始终受到国家的高度重视，2018年《中共中央　国务院关于学前教育深化改革规范发展的若干意见》明确提出要“办好学前教育”“大力加强幼儿园教师队伍建设”。为了适应学前教育发展的形势，满足学校培养学前师资的教学要求，2020年，我们对全国职业院校学前教育专业教材进行了修订和补充，重点做了以下几方面的工作。

第一，完善了教材体系。根据目前职业院校学前教育专业的教学实际，增加了《幼儿行为观察与指导》《幼儿园游戏》等教材，将《舞蹈（第二版）》和《幼儿舞蹈创编与教法》整合为《幼儿教师舞蹈基础》，将《基本乐理与伴奏编配（第二版）》分为《基本乐理》和《简易钢琴伴奏构建法》。调整后，整套教材体系更加科学、完善，便于教学的开展。

第二，更新了教材内容。对上版教材中的部分内容进行了调整、补充和更新，使教材更加符合当前职业院校学前教育理念和实践方法。增加了实践性教学内容的比重，主要技能点均配以详细的操作指导，以引导学生运用所学知识分析和解决实际问题。

第三，提升了教材表现形式。通过设置知识卡、能力卡、情景再现、引导案例等栏目，增加教材的亲和力，激发学生的学习兴趣。同时，加强了图片、表格及色彩的运用，营造出更加直观的认知环境，提高了教材的趣味性和可读性。

第四，加强了教材立体化资源建设。在教材修订的同时，开发了与教材配套的习题册和电子课件。电子课件及习题答案可登录技工教育网（jg.class.com.cn），搜索相应的书目，在相关资源中下载。在部分教材中使用了二维码技术，针对教材中的教学重点和难点制作了演示视频、音频等多媒体素材，学生使用移动终端扫描二维码即可在线观看或收听相应内容。

本套教材的编写得到了有关学校的大力支持，教材编审人员做了大量的工作，在此我们表示衷心的感谢！同时，恳切希望广大读者对教材提出宝贵的意见和建议。

人力资源社会保障部教材办公室

目　录

第一章 幼儿语言教育概述

学习目标

◆ 了解幼儿语言发展特征和幼儿语言教育的特点
◆ 明确幼儿语言教育各层次目标及幼儿语言教育的内容
◆ 能够独立地设计并拟定幼儿语言教育活动方案
◆ 能够利用教育评价的相关知识，对幼儿语言教学实践活动进行简单评价

0 ~ 6岁是人类语言发展和获得的重要时期，幼儿期语言发展对其身心发展和日后的社会生活起到关键的作用。因此，幼儿语言的习得是幼儿园教育一个极为重要的领域，幼儿园设有专门的幼儿语言教育活动课程，幼儿教师的语言教育活动设计与指导能力成为其关键能力之一。

第一节 幼儿语言教育基础

一、语言概述

语言是人类所特有的用来表达意思、交流思想和传递信息的工具，由语音、词汇和

语法构成一定的系统，是人类保存认识成果的载体。

语言是人类的创造，只有人类有真正的语言。许多动物也能够发出声音来表示自己的感情或者在群体中传递信息，但这些声音只是一些固定的程式，不能随机变化。只有人类才会把无意义的语音按照各种方式组合起来，成为有意义的语素，再把众多的语素按照各种方式组合成话语，用无穷变化的形式来表示变化无穷的意义。

人类创造了语言之后又创造了文字。文字是语言的视觉形式，它突破了口语所受空间和时间的限制，能够发挥更大的作用。

二、幼儿语言发展特征

幼儿对语言的掌握程度，主要是通过口语的发展水平表现出来的。所以，幼儿语言教育的重点是口语能力的培养，主要包括语音、词汇、语句以及口语理解能力和口语表达能力的培养。

1. 幼儿语音发展特征

语言的交际功能要借助语音才能实现，3 ~ 6 岁幼儿正处于学习口语的关键期，也是幼儿掌握语音的关键期，语音发展成为幼儿口语发展的关键因素。

3 岁左右的幼儿发音器官还不够完善，发音器官的调节能力和听觉的分辨能力都比较弱，对于区别较小的音不易辨别出来。同时，又不会运用发音器官的某些部位，或者不能掌握某些发音方法，因而有发音不准确、不清楚的现象，例如，把“高兴”说成“刀兴”，把“老师”说成“老西”或“脑师”等。

4 岁以后的幼儿，发音器官已逐步发育完善，如果坚持练习，进行反复的语言实践，幼儿就能掌握全部的语音了。但这时还会有个别幼儿难以掌握某些难发的音或相似的音，需要成人加以指导，反复练习。

到 6 岁左右，幼儿在成人的正确教育下，已能做到发音正确，咬字清楚，并能按语句的内容和情感的需要调节自己的音调，能清楚地分出四声。他们会有意识地对待自己的发音，同时也会辨别其他小朋友和周围成人的错误发音，能够纠正、评价别人的发音。

2. 幼儿词汇发展特征

幼儿期词汇的发展主要是通过口语词汇的掌握而实现的。词汇数量、词类范围、词义理解、词汇运用是词汇发展的四个重要方面。幼儿期是掌握词汇最迅速的时期，幼儿掌握的词汇量会随着他们年龄的增长迅速增加。一般来说，3 岁幼儿能掌握 1 000 个左右的词汇，到 6 岁就增加到 3 000 ～ 4 000 个。

3 ～ 4 岁幼儿所掌握的词汇，大多以名词、动词为主。那些代表具体事物的名词和具体动作的动词是幼儿生活中常常经历和感知到的，所以容易掌握。这时幼儿运用形容词的能力也有了初步的发展，但只能掌握表明事物具体形态或性质的词，如大、小、冷、热、凉、长、短、高、矮等，运用起来也不够准确，常用大、小代替长、短、粗、细、厚、薄等。至于数词和量词就更难掌握了，他们常常以"个""只"来代替所有的量词，或者把量词相互混用，如把"一条鱼"用"一个鱼"来表示。

5 岁左右是幼儿掌握词汇数量增加最快的时期。幼儿对词义的理解比之前深刻了，对形容词的使用也能做到理解词义，并较为准确、恰当地使用。但他们对量词的掌握仍感到很困难，只有那些能经常与具体事物相联系的量词，才能熟练掌握，如"一架飞机""一辆汽车""一只狗"等。这个时期的幼儿对表示时间概念的词还不能准确运用，经常混淆。

随着生活范围的扩大、经验的增加以及抽象逻辑思维和概括能力的发展，6 岁幼儿的词汇已经相当丰富，各类词汇都能掌握一些，并掌握了一些概括性的词汇和具有因果关系、条件关系的词汇，对词义的理解也已比较深刻。

3. 幼儿语句发展特征

幼儿掌握大量词汇后，还必须将这些词汇按一定的语法规则合乎逻辑地组织起来，才能准确地表达语言的含义，实现交际的作用，即表达自己的思想、理解他人的观点。单靠语音和孤立的词汇是无法实现的，只有将语音、词汇建构成语句才能真正起到交流的作用。幼儿语句的发展主要表现在完整句的出现、复合句的发展、语句的复杂程度提高、句型有所变化、具有明显语法意识等方面。

幼儿掌握语句规则是在与成人交往中，从自然地模仿成人语言习惯逐步过渡到掌握语法规则，将词汇组成句子来表情达意而实现的。

3 岁左右的幼儿已能用词汇组成简单的句子来表达自己的意思，但句子经常不完整，常出现没有主语的短语或用词颠倒的现象，如"妈妈，吃药了"（缺少主语"我"），又如"抱抱妈妈"（妈妈抱抱）等。这时幼儿的语句非常简单，没有任何修饰成分，即使能说出"小白兔、大灰狼"等短语，实际上也只是将这些短语作为一个词来学习、理解和运用，并没有区别出修饰词和被修饰词。例如，他们会用"小白兔"代表所有的兔子，用"大灰狼"代表所有的狼。

4 ～ 5 岁幼儿已经能正确运用简单句子来表达自己的意思或描述见闻。这时，他们的语言能力呈现出由单句向复合句发展的趋势，复合句比例有所提高，但因为他们对关联词语运用还不够自如，所以常常省略关联词语，使语言显得突兀和生硬。随着句子中所含词汇量的增加，有修饰的语句开始占优势。但此时，幼儿对某些词义不能完全理解，对句子形式的掌握也不准确，所以经常出现用词不当、逻辑混乱的现象。这时的幼儿对语法已有明显的意识，能发现别人说话时的语法错误，也怕因自己表达错误而被别人笑话。

6岁左右的幼儿知识经验比较丰富，抽象逻辑思维也有了相应发展，已经掌握了较为复杂的语言形式，学会运用各种复句，还能运用所有形式的疑问句，但他们对被动句的理解比较晚，只是初步了解，尚不能灵活运用。

4. 幼儿口语理解能力与口语表达能力发展特征

发展口语理解能力与口语表达能力是幼儿语言教育的最终目的。口语理解能力就是能安静、有礼貌地注意倾听别人的讲话，能准确理解别人讲话的主要内容。口语表达能力是指利用语音、词汇、语句准确完整地表达思想，真正发挥语言的交际作用，它是幼儿阶段语言教育的基本任务。

在3～4岁时，幼儿总是在与成人、小朋友的交往中才说话，而且往往出现有趣的“集体讨论”现象。表面上看他们似乎在很热烈地交谈着，但实际上内容是毫无联系的，或者由他人的谈话很自然地联想起自己所要说的内容，其中却没有任何逻辑顺序。这时，幼儿已有了向别人独立表达思想、讲述自己经验的愿望，但他们常常不敢或不善于在大家面前讲话，所以说起话来断断续续，带有很强的情境性。另外，他们的讲述还表现出明显的无逻辑性，如主题不明确、只会罗列具体事物或现象等。

4～5岁的幼儿，他们逐渐能就某一个主题展开谈话，并注意事物之间的联系和讲述的重点。幼儿能独立讲故事或叙述各种事情，连贯性、完整性也有所增强，在表述事物时有了时间、地点、起因、经过与结果的概念。

5～6岁幼儿讲话的连贯性、逻辑性更为突出。在发展连贯性、逻辑性的同时，幼儿也能逐渐掌握和运用一些说话的技巧，如表情、语调、语速等。这一时期，有些幼儿已能比较生动、有感情地描述事物了，但这些能力的获得，主要来自日常生活中成人的培养和教育。

三、幼儿语言教育的特点

幼儿语言能力的获得是一个相对复杂的过程。幼儿作为一个新生个体，对于语言刺激所产生的一系列言语反应都遵循着一定的规律。教育者必须把握幼儿的发展特点，正确认识幼儿语言学习的特殊规律，才能开展科学有效的语言教育活动。

1. 渗透性

幼儿语言学习的过程是一个在社会生活中不断积累、潜移默化的过程，幼儿对语言的理解与运用离不开现实的情景，幼儿语言教育要充分利用幼儿一日生活中每一个环节所提供的广泛的语言学习机会。对幼儿的语言教育主要渗透在以下几个环节。

（1）渗透在日常生活中的语言教育

日常生活交往是幼儿进行语言交流、建立友好同伴关系最自然的方式，可以帮助幼儿自然地面对不同的场合，恰当地运用语言进行思想和情感的交流。因此，在日常生活中，随时随地可以对幼儿进行语言教育，这就“模糊”了学习活动和生活活动，学习目的具有隐蔽性，从而减轻幼儿压力，使其在轻松自然的氛围中获得语言方面的进步。

（2）渗透在游戏活动中的语言教育

玩是幼儿的天性，游戏是幼儿最有效的学习手段。教育者可以利用幼儿对游戏的高度热情进行语言教育，将语言学习的内容渗透在各种游戏活动之中，使幼儿在愉快的气氛中不知不觉地达到教学的目的。

（3）渗透在其他领域中的语言教育

其他领域的教育活动都需要语言交流，因此语言教育始终与它们交织在一起，相互支撑、相互促进。其他领域的教育活动虽在培养目标上各有不同，但都离不开语言交流，这个过程正好锻炼并促进了幼儿语言能力的发展，丰富了谈话和讲述的内容，为渗透语言教育提供了一个广阔的平台。

事实上，在对幼儿的教育过程中，我们很难将某一领域孤立起来单独进行，各领域间都是相互渗透、相互作用的。我们既不能为强调语言教育而忽视其他领域的教育，也不能在其他领域活动中将语言活动排除在外。

2. 易行性

幼儿语言能力是在不断耳濡目染成人言行的基础上，在环境的刺激下，在幼儿对语言刺激表现出的敏感性和主动性中迅速发展起来的。因此，为幼儿提供一个良好的语言学习环境，按照幼儿语言学习特点进行科学引导，幼儿语言教育的效果会事半功倍。

3. 积累性

幼儿语言教育的过程实际上就是帮助幼儿积累口头语言经验的过程，即让幼儿在语言运用中逐渐获得听得懂、记得住、想得出、说得好的经验和习惯。因此，教育者必须充分利用周围的语言学习环境，激发幼儿语言学习的兴趣，创造语言互动交流的机会，让幼儿多看、多听、多想、多记、多说，在语言学习的关键期积累尽可能多的语言经验，为日后的语言学习奠定坚实的基础。

知识卡

幼儿语言教育观

幼儿语言教育观，是指幼儿语言教育的基本观点，即如何看待幼儿语言教育。它将直接影响幼儿语言教育的效果，对语言教育效果起决定性作用。

一、完整语言教育观

首先，幼儿语言教育目标应该是完整的。要把听、说、读、写等方面的认知态度、情感和能力的发展，作为幼儿语言教育的完整目标。

其次，幼儿语言教育内容应该是完整的。语言教育的内容，既要引导幼儿学习口头语言，也要学习书面语言；既要让幼儿理解并运用日常生活用语，也要引导幼儿学习使用文学语言。

最后，幼儿语言教育活动的过程应该是完整的。教师在组织活动时应着眼于创设真实的双向交流情境，以教师和幼儿共同参与的活动作为语言教育的基本形式，活动的形式应该多样化。

二、整合语言教育观

整合的语言教育观念是指把幼儿语言学习看成一个整合的系统，充分意识到幼儿语言发展与其他智能、情感等方面发展是整合一体的关系。发展幼儿语言能力，不能仅限于语言教育活动中，要树立整合教育观，把语言教育目标渗透到各个领域，如日常生活中、人际交往中、游戏活动中、认知活动中、体育活动中，把语言教育融入一日生活的各个环节。在家庭中、社会中、幼儿园集体活动中，引导幼儿多听、多说、多看、多练，在运用与交往中发展幼儿的语言能力。

三、活动语言教育观

活动语言教育观是指以活动的形式来组织幼儿的语言教育过程，帮助幼儿学习语言。将教师和幼儿共同参与的活动作为语言教育的基本形式，引导幼儿在生动活泼的操作实践中动脑、动口、动手，从而使其成为主动的语言学习者。

第二节　幼儿语言教育的目标、内容及方法

一、幼儿语言教育的目标结构

幼儿语言教育目标是幼儿园教育总目标在语言领域的具体化，它指出了幼儿语言教育所要达到的预期效果。

1. 纵向层次结构

幼儿语言教育目标可以分解为语言教育总目标、年龄阶段目标和具体活动目标三个层次，如图 1–1 所示。

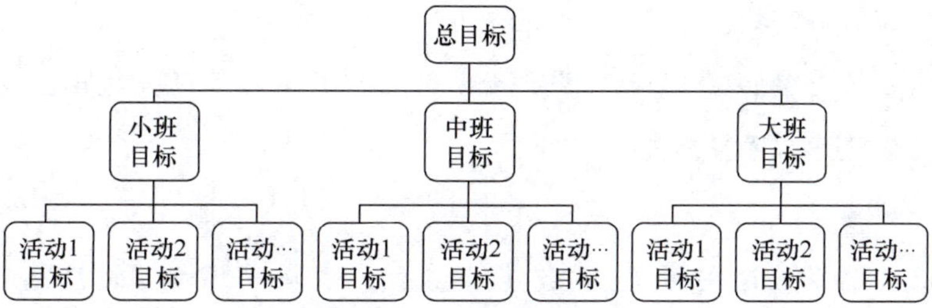

图 1–1　纵向层次结构

（1）语言教育总目标

幼儿语言教育总目标，是幼儿园语言教育任务要求的总和，即幼儿园三年语言教育所期望的最终结果。

知识卡

《幼儿园教育指导纲要（试行）》中语言领域内容

一、目标

1. 乐意与人交谈，讲话礼貌。
2. 注意倾听对方讲话，能理解日常用语。
3. 能清楚地说出自己想说的事。

4. 喜欢听故事、看图书。

5. 能听懂和会说普通话。

二、内容与要求

1. 创造一个自由、宽松的语言交往环境，支持、鼓励、吸引幼儿与教师、同伴或其他人交谈，体验语言交流的乐趣，学习使用适当的、礼貌的语言交往。

2. 养成幼儿注意倾听的习惯，发展语言理解能力。

3. 鼓励幼儿大胆、清楚地表达自己的想法和感受，尝试说明、描述简单的事物或过程，发展语言表达能力和思维能力。

4. 引导幼儿接触优秀的儿童文学作品，使之感受语言的丰富和优美，并通过多种活动帮助幼儿加深对作品的体验和理解。

5. 培养幼儿对生活中常见的简单标记和文字符号的兴趣。

6. 利用图书、绘画和其他多种方式，引发幼儿对书籍、阅读和书写的兴趣，培养前阅读和前书写技能。

7. 提供普通话的语言环境，帮助幼儿熟悉、听懂并学说普通话。少数民族地区还应帮助幼儿学习本民族语言。

三、指导要点

1. 语言能力是在运用的过程中发展起来的，发展幼儿语言的关键是创设一个能使他们想说、敢说、喜欢说、有机会说并能得到积极应答的环境。

2. 幼儿语言的发展与其情感、经验、思维、社会交往能力等其他方面的发展密切相关，因此，发展幼儿语言的重要途径是通过互相渗透的各领域的教育，在丰富多彩的活动中去扩展幼儿的经验，提供促进语言发展的条件。

3. 幼儿的语言学习具有个别化的特点，教师与幼儿的个别交流、幼儿之间的自由交谈等，对幼儿语言发展具有特殊意义。

4. 对有语言障碍的儿童要给予特别关注，要与家长和有关方面密切配合，积极地帮助他们提高语言能力。

（2）年龄阶段目标

为循序渐进地促进幼儿的语言发展，将幼儿所要达到的语言总目标一步一步地落实到不同年龄阶段的幼儿身上，从而形成如“小班目标”“中班目标”“大班目标”等子目标。我国幼儿语言教育的年龄阶段目标主要体现在《3–6 岁儿童学习与发展指南》(以下简称《指南》)中的语言领域目标，具体如下。

1）倾听与表达（见表 1–1）。

表 1–1 倾听与表达

目标	3 ~ 4 岁	4 ~ 5 岁	5 ~ 6 岁
认真听并能听懂常用语言	①别人对自己说话时能注意听并做出回应 ②能听懂日常会话	①在群体中能有意识地听与自己有关的信息 ②能结合情境感受到不同语气、语调所表达的不同意思 ③方言地区和少数民族幼儿能基本听懂普通话	①在集体中能注意听教师或其他人讲话 ②听不懂或有疑问时能主动提问 ③能结合情境理解一些表示因果、假设等相对复杂的句子
愿意讲话并能清楚地表达	①愿意在熟悉的人面前说话，能大方地与人打招呼 ②基本会说本民族或本地区的语言 ③愿意表达自己的需要和想法，必要时能配以手势动作 ④能口齿清楚地说儿歌、童谣或复述简短的故事	①愿意与他人交谈，喜欢谈论自己感兴趣的话题 ②会说本民族或本地区的语言，基本会说普通话。少数民族聚居地区幼儿会用普通话进行日常会话 ③能基本完整地讲述自己的所见所闻和经历的事情 ④讲述比较连贯	①愿意与他人讨论问题，敢在众人面前说话 ②会说本民族或本地区的语言和普通话，发音准确清晰。少数民族聚居地区幼儿基本会说普通话 ③能有序、连贯、清楚地讲述一件事情 ④讲述时能使用常见的形容词、同义词等，语言比较生动
具有文明的语言习惯	①与别人讲话时知道眼睛要看着对方 ②说话自然，声音大小适中 ③能在成人的提醒下使用恰当的礼貌用语	①别人对自己讲话时能回应 ②能根据场合调节自己说话声音的大小 ③能主动使用礼貌用语，不说脏话、粗话	①别人讲话时能积极主动地回应 ②能根据谈话对象和需要，调整说话的语气 ③懂得按次序轮流讲话，不随意打断别人 ④能依据所处情境使用恰当的语言，如在别人难过时会用恰当的语言表示安慰

2）阅读与书写准备（见表1-2）。

表1-2 阅读与书写准备

目标	3～4岁	4～5岁	5～6岁
喜欢听故事，看图书	①主动要求成人讲故事，读图书 ②喜欢跟读韵律感强的儿歌、童谣 ③爱护图书，不乱撕、乱扔	①反复看自己喜欢的图书 ②喜欢把听过的故事或看过的图书讲给别人听 ③对生活中常见的标识、符号感兴趣，知道它们表示一定的意义	①专注地阅读图书 ②喜欢与他人一起谈论图书和故事的有关内容 ③对图书和生活情境中的文字符号感兴趣，知道文字表示一定的意义
具有初步的阅读理解能力	①能听懂短小的儿歌或故事 ②会看画面，能根据画面说出图中有什么，发生了什么事等 ③能理解图书上的文字是和画面对应的，是用来表达画面意义的	①能大体讲出所听故事的主要内容 ②能根据连续画面提供的信息，大致说出故事的情节 ③能随着作品的展开产生喜悦、担忧等相应的情绪反应，体会作品所表达的情绪情感	①能说出所阅读的幼儿文学作品的主要内容 ②能根据故事的部分情节或图书画面的线索猜想故事情节的发展，或续编、创编故事 ③对看过的图书、听过的故事能说出自己的看法 ④能初步感受文学语言的美
具有书面表达的愿望和初步技能	喜欢用涂涂画画表达一定的意思	①愿意用图画和符号表达自己的愿望和想法 ②在成人提醒下，写写画画时姿势正确	①愿意用图画和符号表现事物或故事 ②会正确书写自己的名字 ③写画时姿势正确

（3）具体活动目标

具体活动目标一般由教师自己制定，它是指在某一具体的教育活动中要达到的目的。有时候，具体活动目标是一次活动中要完成的任务，但也有可能是一组相近的活动或一个主题系列活动的目标，它们将具体的教育内容紧密地联系在一起。

在将语言教育目标落实到每个幼儿的过程中，有几个关键问题是必须要注意的：首先，高层次目标要准确地转化为低层次目标；其次，教师要把握好各个层次教育目标的内涵以及相互间的关系；最后，教师要根据目标来选择相应的教育内容、方法，从而确保目标的实现。

2. 横向分类结构

幼儿语言教育目标的横向分类结构，是指教育目标的组合构成。按照这种分类方法，幼儿语言教育的目标划分为五大方面：倾听行为培养、表述行为培养、欣赏文学作品行为培养、早期阅读行为培养和英语运用行为培养，如图 1-2 所示。

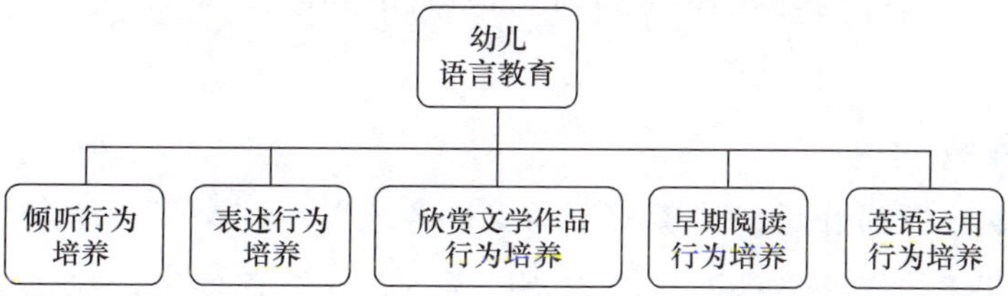

图 1-2　横向分类结构

（1）倾听行为培养

倾听是幼儿感知和理解语言的行为表现。在幼儿语言学习和发展中，倾听是不可缺少的一种行为能力。只有懂得倾听、乐于倾听并且善于倾听的人，才能真正理解语言的内容、形式和运用方式，从而掌握与人进行语言交流的技巧。

幼儿倾听行为的培养，着重点应放在对汉语语音语调的感知和对语义内容的理解上。

（2）表述行为培养

表述是以一定的语言内容、语言形式以及语言运用方式表达和交流个人观点的行为。

幼儿表述行为能力发展的重点主要在于学习准确恰当的口语表达，从语音、语法、语义以及语用四个方面掌握母语的表达能力，由简到繁、由短到长地提高表述水平。

（3）欣赏文学作品行为培养

欣赏文学作品是感知文学作品并尝试操作艺术语言方式的行为。要培养幼儿能够较好地理解和学习文学作品，初步感知不同类型文学作品的特点和构成。

（4）早期阅读行为培养

早期阅读行为是指幼儿从口头语言向书面语言过渡的前期阅读准备和前期书写准备。早期阅读行为的培养主要在于激发幼儿阅读的兴趣，养成良好的阅读习惯，掌握早期阅读的有关技能。

（5）英语运用行为培养

英语运用行为培养是指让幼儿产生对英语的学习兴趣，掌握与日常生活密切相关的词汇和语句，能够进行简单的日常交流。

知识卡

幼儿各年龄段语言教育的具体目标

一、小班

1. 谈话活动

学会安静地听同伴说话，不随便插嘴；喜欢与同伴交谈，愿意在集体面前讲话；能听懂并愿意说普通话；在教师的引导下，学习围绕主题谈话，能用短句表达自己的意思；初步学习常见的交往语言和礼貌用语。

2. 讲述活动

能有兴趣地运用各种感官，按照要求去感知讲述内容；理解内容简单、特征鲜明的实物、图片和情景；愿意在集体面前讲述；能准确地说出讲述内容的主要特征或主要事件；能安静地听教师或同伴讲述，并用眼睛注视讲述者。

3. 听说游戏活动

乐于参加游戏活动，在游戏中大胆地说话；发准某些难发的音，初步掌握方位词及人称代词，学习正确运用动词；在游戏中尝试按照规则使用简单句说话；养成在集体活动中倾听别人讲话的习惯，能听懂并理解较简单的语言游戏规则。

4. 文学作品学习活动

喜欢欣赏文学作品，愿意参加文学活动，对文学作品的语言感兴趣；能初步感受文学作品的语言美，知道故事、诗歌和散文是不同体裁的文学作品；学习理解文学作品的情节内容或画面情节，能用语言、动作、表情等方式表达自己对文学作品的理解；在文学作品原有基础上扩展想象，仿编诗歌、散文中的一句或续编故事结尾。

5. 早期阅读活动

喜欢看书，知道看书的基本方法，能初步看懂单幅儿童图画书的主要内容；能用口头语言将儿童图画书的主要内容说出来，开始感受语言和其他符号的转换关系；对文字感兴趣，能在成人的启发下认读最简单的文字；在活动中以描画图形的方式练习基本笔画。

6. 英语教育活动

对英语歌曲感兴趣，并愿意模仿；愿意参加幼儿园的英语活动；能听懂教师用英语发出的与日常生活有关的最简单的指令，并能够用动作做出反应；能听懂并愿意模仿身边最常见物品的英语表达；愿意模仿英语生活用语，并能应用所学进行人际问候。

二、中班

1. 谈话活动

能集中注意力，耐心地倾听别人谈话，不打断别人的话；愿意与同伴交流，能大方地在集体面前说话；能说普通话，较连贯地表达自己的意思；学会围绕一定的话题谈话，不跑题；学会用轮流的方式谈话，不抢着讲，不乱插嘴；继续学习交往语言，提高语言交往能力。

2. 讲述活动

养成先仔细观察、后表达讲述的习惯；逐步学会理解图片和情景中展示的事件顺序；能主动地在集体面前讲述，声音响亮，句式完整；学习按照一定的顺序讲述实物、图片和情景的内容；能积极地倾听别人的讲述内容，发现异同，并从中学习好的讲述方法。

3. 听说游戏活动

在游戏中巩固练习发音，能正确运用代词、方位词、副词、动词、连词和介词等；能说简单而完整的合成句；能听懂并理解多重游戏规则；能较迅速地领悟游戏中的语言规则，并及时做出相应的反应。

4. 文学作品学习活动

喜欢不同形式的文学作品，主动积极地参加文学活动；知道文学作品语言与日常生活语言的不同，进一步感受文学作品的语言美；学习理解文学作品的人物形象，感受作品的情感基调，能运用较恰当的语言、动作、绘画形式表现自己的理解；能根据文学作品提供的线索，扩展想象，仿编或续编一个情节或一个画面。

5. 早期阅读活动

能仔细观察图画书画面的人物情节，看懂多幅儿童图画书的内容，增强预知故事情节发展和结局的能力；懂得爱护图书，知道图书的构成，有兴趣模仿制作图画书；在阅读过程中初步了解汉字的由来和简单的汉字认读规律，并有主动探索汉字的愿望；喜欢描画图形，尝试用有趣的方式练习汉字的基本笔画。

6. 英语教育活动

能完成两个连续的英语指令，并能用英语发出简单的指令；能听懂教师经常使用的简单的生活用语或教学用语；愿意并能够用英语表达身边最常见的物品；愿意并能够用 1 ～ 2 个英语单词配以动作、表情和手势等体态语言与他人进行简单的口语交流；能主动用英语向他人问好。

三、大班

1. 谈话活动

能主动、积极、专注地倾听别人谈话，迅速掌握别人谈话的主要内容，并从中获取有用的信息；能主动地用普通话与同伴交流，态度自然大方；能围绕话题谈话，会用轮流的方式交谈，并能用恰当的语言表达自己的情感，与同伴分享感受；逐步学会用延续谈话的方法，进一步提高语言交往能力。

2. 讲述活动

通过观察，理解图片、情景中蕴含的主要人物关系和思想感情倾向；能有重点地讲述实物、图片和情景，突出讲述的中心内容；在集体面前讲话态度自然大方，能根据场合的需要调节自己讲话的音量和语速；讲话时语言表达流畅，不停顿，用词用句较为准确。

3. 听说游戏活动

在游戏中学习正确运用反义词、量词和连词等，并能说完整的合成句；养成积极倾听的习惯，迅速把握和理解游戏中较复杂的多重指令；倾听的精确程度有所提高，能准确掌握和传递有细微差别的信息；在游戏中按照规则迅速调动个人已有的语言经验，并进行迅速的语言表达。

4. 文学作品学习活动

愿意欣赏不同体裁、不同风格的文学作品，在文学活动中积累文学语言，并尝试在适当场合运用；在理解文学作品人物、情节或画面情景的基础上，学习理解作品的主题或感受作品的情感脉络；初步感知文学作品语言和结构的艺术表现特点，开始接触文学作品的艺术语言构成方式；依据文学作品提供的想象线索，联系个人已有经验扩展想象，并创造性地进行表述。

5. 早期阅读活动

能与同伴合作制作图画书，进一步了解图画书的构成；知道图画书中的画面与文字的对应关系，开始有兴趣阅读图画书中简单的文字；积极学认常见的汉字，进一步了解汉字认读规律，提高观察模拟的能力，并能注意在生活中运用已获得的书面语言；掌握基本的书写姿势，做好写字的准备。

6. 英语教育活动

能完成多个连续的简单英语指令；知道在什么时候用英语回答问题；能听懂并愿意模仿教师经常使用的生活用语和教学用语；能用简单的英语介绍自己、介绍身边的人；能用简单的英语表达自己的感受；能借助图片，用简单的英语较连贯和完整地复述一个简单的故事；愿意并能够用简单的英语与他人进行口语对话。

二、幼儿语言教育的内容

幼儿语言教育的内容是指幼儿教育机构传授给幼儿的语言内容、语言形式和语言运用方式的总和。幼儿语言教育内容可以分为专门的语言教育内容和渗透的语言教育内容两类。

1. 专门的语言教育内容

专门的语言教育内容是根据既定的语言教育目标，为幼儿提供与语言学习相互作用的环境，通过有计划地安排和组织幼儿系统学习语言来呈现的。它包括谈话活动、讲述活动、听说游戏活动、文学作品学习活动、早期阅读活动、英语教育活动等。

2. 渗透的语言教育内容

渗透的语言教育内容的核心是促进幼儿与教师、同伴之间的有效语言交流，实现语言的有效运用。渗透的语言教育内容通常出现在以下几种情景之中：日常生活中的语言交往、自由游戏中的语言交往、其他领域活动中的语言交往和随机渗透在日常生活环节中的语言学习。

随机渗透在日常生活环节中的语言学习，主要是指教师充分利用各种生活环节，给幼儿提供自由宽松的环境，鼓励幼儿进行语言交流，增强听、说、读的基本技能，激发幼儿对语言和文字的学习兴趣，得到语言和文学的熏陶。

知识卡

选择幼儿语言教育内容的方法

一、依据幼儿语言教育目标选择内容

把教育目标中的各部分、各方面要求转换为幼儿学习语言的内容，使幼儿通过多种多样的学习获得语言经验；再把教育目标综合起来，使各个部分在相互联系中落实到各项教育活动中。

二、依据幼儿语言发展特点选择内容

幼儿语言发展特点指的是从非语言交际向口语交际转换、从学习口语向学习书面语转换。在选择语言教育内容时，要有意识地让幼儿学习语言间的各种转换，做到既有交叉又有侧重。

三、依据不同活动领域特点选择内容

幼儿语言是通过多种多样的活动进行学习而得到发展的。不同的活动各有其特点，其包含的语言学习内容也各不相同，教师要将语言教育内容有机地渗透其中。

三、幼儿语言教育的方法

幼儿语言教育的常用方法包括示范模仿法、游戏法、表演法、练习法等。

1. 示范模仿法

示范模仿法是指教师通过自身的规范化语言，或通过语言和行为范例，为幼儿提供语言学习的榜样，引导幼儿进行模仿学习的语言教育方法。

幼儿的语言学习主要是通过模仿来进行的，所以教师的语言、教师提供的语言案例以及班级的语言环境对幼儿语言的发展起着至关重要的作用。在运用示范模仿法进行语言教育时要注意以下几点：

（1）语言示范一定要规范

教师的语言示范要做到咬字清楚、发音准确、表情自然和手势恰当，还要从音量、语调、语速等方面多加注意。

（2）把握好示范的时机和难度

语言教育中一些新的、幼儿不易掌握的学习内容，教师要反复地重点示范，如难发准的音、新词句的学习、人物的对话、连贯的讲述、需幼儿仿编参照的原词句等，让幼儿有意识地进行模仿学习。

（3）恰当地运用强化原则

教师要关注幼儿在各种活动中的语言表现，善于发现幼儿语言发展的差异，随时对幼儿正确的语言行为和习惯进行鼓励，并加以强化。同时也要及时地指出错误，尽量避免幼儿重复不准确的语言，以免产生误导。但也要保护幼儿语言学习的积极性，避免过于挑剔幼儿语言中的错误。

2. 游戏法

游戏法是指教师运用有规则的游戏，训练幼儿准确发音和学习句式，丰富幼儿词汇的一种方法。游戏法内容丰富，趣味性和生活性强，非常符合幼儿年龄特点，是对幼儿进行语言教育的常见方法。在具体运用游戏法时要注意以下几点：

（1）设计适宜的游戏

在开展语言教育活动时，要根据幼儿的需要、兴趣以及语言学习内容，设计适宜的游戏情境，配备合适的教具和学具，师幼共同参与游戏活动。

（2）给予幼儿充分表达和交流的机会

幼儿的语言能力是在运用中发展起来的，要为幼儿创设一个能使他们想说、敢说、喜欢说、有机会说的开放、自由的语言发展环境，教师根据幼儿表达和交流的情况，抓住时机进行针对性的指导。

3. 表演法

表演法是指在教师的指导下，幼儿通过对文学作品的表演进行语言学习的一种方法。这种方法对师幼的要求相对较高，教师要帮助幼儿理解并熟悉诗歌、散文、绕口令等作品内容，在熟练朗读的基础上，鼓励幼儿创造性地将文学作品表演出来。表演法的运用需要准备舞台、道具、服装等丰富的表演材料，激发幼儿表演的兴趣，同时还要尽可能做到让每个幼儿都参与进来，使所有幼儿都能在表演中获得语言能力的发展。

4. 练习法

练习法是指有意识地让幼儿多次使用同一个语言因素（如语音、词汇、句子等），以达到训练幼儿语言技能技巧的方法。这种方法主要以口头练习的方式进行，练习内容应循序渐进，难度由浅入深，并采用灵活多样的练习方式，避免简单、枯燥的重复。

以上幼儿语言教育方法，教师在实际教学中要根据需要进行选择，做到多个方法互相配合，交叉运用，从而提高幼儿语言教育效果。

第三节　幼儿语言教育活动的设计

幼儿语言教育活动是有目的、有计划、有组织地对幼儿进行语言教育的过程，是实现幼儿语言教育目标的有效途径，是组织和传递幼儿语言教育内容的实施环节，也是落实幼儿语言教育任务的具体手段。

一、幼儿语言教育活动的特点

1. 专业性

幼儿语言教育活动不同于一般的语言教育，它是根据幼儿语言教育的目标以及幼儿语言发展的实际情况和发展趋势，有计划地安排具体的教育过程，有顺序、有步骤地训练幼儿语言能力的专业的教育活动。

2. 主动性

幼儿语言教育活动是将幼儿置身于语言环境或语言信息的传递中，引导幼儿主动参与、主动学习的过程，幼儿可以从中获得丰富的语言内容、语言形式和语言运用的经验。

3. 整合性

幼儿语言教育不仅重视幼儿语言技能的培养，还重视教育活动中相关认知和情感态度的培养；教育内容将社会知识、认知知识和语言知识整合在一起，全面促进幼儿的发展。

二、幼儿语言教育活动的设计原则

案例

活动名称

排图讲述——小小故事家（中班）

活动目标

1. 培养幼儿用连贯的语言去发挥想象创编故事的能力。
2. 培养幼儿创造性地运用语言的能力和协作的能力。

活动准备

1. 图片数张。
2. 录音设备。

3. 奖状（小奖品）。

活动过程

1. 感知并理解讲述对象

教师出示图片并提问：“今天我们来看图片讲述故事，请小朋友们告诉我，你们看到了什么？”

2. 幼儿运用已有经验讲述

（1）幼儿自由组合图片顺序，创编故事。

（2）幼儿自由结伴进行讲述。

（3）教师进行指导。

3. 引进新的讲述经验

（1）分享故事，请几位小故事家给大家讲述他们创编的故事。

（2）师幼共同总结，使幼儿获得一些讲述思路。

4. 迁移新的讲述经验

（1）幼儿互相参观他人组合的图片。

（2）互相交流：你喜欢谁的作品，讲讲他带给我们的故事。

活动评价

排图讲述活动可以打乱图片的顺序进行组合，从而得出不同的讲述内容。案例中采用让小故事家给小朋友讲他们创编的故事，形式很新颖，每个幼儿都有展示自己讲述风格和才能的机会。这样的排图讲述活动，使幼儿在讲述中思维更加活跃，讲述的内容更加丰富，语言表达更加充分。

设计语言教育活动是幼儿教师的一项重要工作。下面我们结合“小小故事家”的活动，学习幼儿语言教育活动设计的五个原则。

1. 注重幼儿语言经验

设计任何一组或一个语言教育活动时，教师必须注重幼儿的语言经验。只有以幼儿的语言经验作为设计的出发点，才能保证设计出的活动符合幼儿语言发展的需要。

（1）须考虑教育对象现有的语言发展水平

设计活动时，教师必须考虑教育对象现有的发展水平，即他们已经获得的经验。如果不掌握幼儿已有的语言发展水平，设计的活动有可能成为“无的放矢”的活动。

（2）须把新的经验内容建立在幼儿已有经验的基础上

设计活动时，教师提供的新的经验内容应建立在幼儿已经获得经验的基础上，是其“跳一跳，够得着”的果实，也就是说教育内容要落在“最近发展区”。

例如，在“小小故事家”活动中，幼儿必须具备了描述图片相关内容的已有经验，否则幼儿将无法准确讲述出图片中的内容，从而影响整个活动的进行。

2. 教师与幼儿相互作用

在设计语言教育活动时，教师需要考虑幼儿主动活动与教师参与活动的比例关系，实际上这是幼儿在活动中的主体地位和教师在活动中主导作用的具体化问题。幼儿和教师在活动中的主体与主导的关系，是相互作用的关系，会根据具体活动内容、活动要求而发生变化。当需要的时候，教师在活动中主导作用发挥得多一些；不需要的时候，教师的主导作用就发挥得少一些。

例如，在“小小故事家”活动中，教师将主动权给予幼儿，自己做辅助和指导的工作，充分调动幼儿参与排图讲述的积极性，同时教师的指导又可以保证教学活动的方向和效果。

3. 活动内容与活动方式相适应

在幼儿语言教育活动中，各种活动的内容和方式之间存在着一定的关系。不同的活动内容可以选择相同的活动方式，同一个活动内容也可以选择不同的活动方式。教师在设计语言教育活动时，应使活动内容和活动方式相适应。

“小小故事家”属于较为自由的幼儿自主创编讲述活动，这时候采取“自由结伴”的方式进行分享和交流，很好地适应了活动的内容，保证了活动的有效性。试想，如果只有教师排图讲述，或指定若干幼儿进行讲述，势必会挫伤幼儿自主讲述的积极性，最终影响教育活动的效果。

4. 不同发展领域活动因素相互渗透

幼儿语言教育活动是以语言教育为主要目的而组织的教育活动。在语言教育活动中，学习吸收的主要是语言信息材料，但也包括那些与语言有关的其他信息材料。可以说，幼儿语言教育活动是以语言符号系统操作为主、同时包含多种符号系统参与的活动，活动中除了语言，还可能有艺术、科学、社会、健康等不同发展领域活动的因素存在并相互渗透。

“小小故事家”活动即综合了语言、艺术等领域的活动因素，使活动的形式生动活泼，幼儿在不同领域因素的作用下受到较全面的影响和教育。

5. 面向全体幼儿、重视个别差异

面向全体幼儿，即教师要了解全体参加活动幼儿的需求，站在教育对象的角度去思考问题，把握活动设计的尺度，使之能照顾到全体幼儿。同时，因为幼儿的语言发展存在差异，他们的语言经验也存在差异，教师在设计教育活动时必须重视这些差异，从而为教育对象提供适应其发展需要的帮助。

这一点在“小小故事家”中突出体现出来：教师根据全体幼儿的整体情况设计此次活动，在活动中关注每一个幼儿的情况，让他们自由结伴，每个人都能亲自参与拼图讲述，教师做辅助性的个别指导，这就体现了对个别差异的关注。

三、幼儿语言教育活动设计的步骤

1. 制定活动目标

制定活动目标是幼儿语言教育活动设计中最重要的一环，将对整个活动设计的方向、范围和程度产生决定性影响。

制定活动目标时应做到以下几点：

（1）活动目标应符合幼儿语言发展的规律，既要适应幼儿已有的发展水平，又可以促进幼儿语言的进一步发展。

（2）活动目标的内容和要求，在方向和结构上要与终期目标和阶段目标相一致。

（3）活动目标的内容应包含认知、情感与态度、能力三个方面。

2. 选择活动内容

活动内容是幼儿语言教育内容的具体化，是实现教育目标的手段，是将目标转化为幼儿发展的中间环节，也是活动设计与实施的主要依据。因此，活动内容的选择是整个幼儿语言教育活动设计的核心。

选择活动内容应注意以下几点：

（1）根据活动目标来选择教育内容。

（2）根据幼儿心理发展的特点选择内容。

（3）在选择内容时，要了解幼儿已有的经验，在幼儿新旧经验间建立联系。

3. 策划活动流程

幼儿语言教育活动是作为一个过程展开的，它可以看作是教师开展语言教育活动和幼儿进行语言学习活动的时间流程。具体要求如下：

（1）活动环境和条件

活动环境和条件是指幼儿活动的空间以及相关的教具、学具和教学设备等。

（2）活动方法

幼儿语言教育活动方法包括示范模仿法、游戏法、表演法等，可以根据活动流程以及不同内容的需要，恰当地选择，灵活地运用。通常是几种方法交替使用，以发挥其综合作用。

（3）活动的组织形式

教师可以选择全班或大组的集体活动，也可以是小组活动和个别活动，或者是两种活动组织形式交替使用。

4. 拟定活动方案

幼儿语言教育活动方案包括以下几个方面：

（1）活动名称

写清楚语言教育活动的具体类型，适合于何种年龄班，具体内容是什么。

（2）活动目标

它是幼儿通过本次教育活动应该达到的具体目标，该目标应体现有关认知、情感与态度、能力等方面的要求。

（3）活动准备

幼儿语言教育活动所做的准备主要包括以下内容：

1）知识准备。教师应仔细了解参与本次活动的幼儿应具有的相关知识基础和生活经验，在活动前为幼儿奠定相关的知识经验，保障幼儿学习活动的顺利进行。

2）语言准备。在教育活动实施之前，教师应为幼儿做好充分的语言表达能力的准备，如与活动有关的词汇等。

3）物质准备。此次语言教育活动所需的材料、设备、教具、学具等。

（4）活动流程

要根据教育活动的不同类型、不同内容，分析、研究其大致结构，设计出活动的基本方向，草拟出活动流程图，使教育活动过程一目了然。关于流程图的拟定需要注意以下几点：

1）要认真拟定活动流程的起点和终点，以及中间环节的导入与衔接点。

2）活动流程步骤要清晰，并为具体实施留有余地。

3）在活动流程中，教师提出的问题要巧妙自然，推动活动向前发展。

4）在活动流程中，各环节要衔接流畅，自然连贯。

（5）活动评价

评价是幼儿语言教育活动整体结构的一个组成部分。通过评价可以使教师了解语言教育活动的目标、计划、内容、过程、方法以及环境、材料等是否适合幼儿的发展水平，是否促进了幼儿语言能力的发展，是否达到了设定的教育目标，能够起到反馈、诊断的作用。

四、幼儿语言教育活动的组织原则

幼儿语言教育活动的组织原则是指教师开展语言教育活动时需要遵循的基本准则和基本要求，是使活动具有基本质量和必要效率的保证。下面结合语言活动“小小故事家”进行讲解。

1. 幼儿是活动主体

教师在组织活动的过程中，要注意激发幼儿学习、探索的兴趣，使幼儿成为活动中的操作主体，教师则是幼儿的支持者、合作者和引导者。

在“小小故事家”活动中，幼儿是活动的主体，教师则是幼儿活动的辅助指导者。

2. 促进幼儿语言发展

促进幼儿语言发展是语言教育活动的落脚点，这就要求教师要了解语言教育领域的目标，使幼儿的发展有着明确的目标指向。

“小小故事家”的活动中存在“排图”“结伴”“分享讲述”“交流”等形式，多种形式的设计就是为了实现“促进幼儿语言发展”这一目标。

3. 自由与规范相结合

在组织幼儿语言教育活动的过程中，教师应创造让幼儿自由说话的机会，为其提供一定的发挥空间，让幼儿运用已有的语言经验自由地交谈。另外，教师要引导幼儿养成运用规范语言的习惯，在语言内容、语言形式和语言运用方式等方面为幼儿做出规范语言的示范，成为幼儿语言学习的榜样。

在“小小故事家”活动中，虽然更多地强调幼儿的自主排图讲述，但是仍需教师先制定“排图”的逻辑顺序、“照图”的讲述规则以及“故事讲述过程”的逻辑顺序，为其进行示范引导。

4. 示范与练习相结合

教师的示范是幼儿进行语言模仿的基础，而反复练习则是幼儿掌握语言的基本方法，因此，教师在组织幼儿语言教育活动时，必须坚持教师示范与幼儿练习相结合的原则。鉴于幼儿学习方式的特点，可以说，教师亲自示范是幼儿语言教育活动的必要环节。

在“小小故事家”活动中，活动的开展是建立在幼儿“看图讲述”和“排图”能力的基础之上的，教师之前已做过很多的示范，幼儿也经过反复的模仿，学会了“看图讲述”，并在“排图”的练习中获得了“排图”能力。此次活动恰恰综合前两项的示范和模仿成果，进行了一次整合，开始了一个新的示范与模仿，幼儿将在反复的示范和模仿练习中获得能力的发展。

知识卡

幼儿语言教育活动中示范与练习应注意的问题

一、教师的示范不能限制幼儿的思维

在幼儿语言教育活动中，有许多活动专门设置了教师示范这一步骤，其目的是希望借助教师的示范使幼儿模仿并习得规范的语言。教师在实际运用示范这一方法时，应鼓励幼儿在模仿的基础上大胆创新，允许幼儿说出不同于教师的语句及其叙述程序，千万不要使教师的示范限制了幼儿的思维。

二、注意运用隐性示范

为了使整个幼儿语言教育活动过程活跃而不死板，教师就要更多地运用隐性示范。这就要求教师在活动过程中，以一个参与者的身份与幼儿平等地进行活动，如参与幼儿的游戏活动，在谈话活动中谈论自己的经验等。这时，教师并不明确地要求幼儿观察教师的示范，而是通过主导活动的方向和进程，通过种种暗示来给予示范。

三、提供充分练习的机会

练习是幼儿学习语言的重要方法。当教师给予幼儿以某种语言示范之后，就要提供充分的时间和空间，让幼儿反复练习。练习的方式是多样的，教师应利用练习让幼儿迁移新获得的语言经验，使幼儿在迁移性练习中领悟语言的特性。在真实的生活情境中，要为幼儿提供更加广泛的、多种多样的学习语言的机会，使幼儿更好地运用语言获得新的生活经验和其他方面的学习经验。

第四节　幼儿语言教育活动的评价

一、幼儿语言教育活动的评价对象

幼儿语言教育活动的评价主要包括三个方面：一是对幼儿的评价，二是对活动本身的评价，三是对幼儿教师的评价。

1. 对幼儿的评价

对幼儿的评价是以引起幼儿身上出现的变化或幼儿在活动中的表现为着眼点。

（1）对目标达成的评价

1）认知目标的达成情况，即了解幼儿是否获得了目标所规定的语言知识，是否掌握了有关的语音、词汇和句型，以及在相关语言环境中能否正确运用这些词汇和句型。

2）情感与态度目标的达成情况，即了解幼儿是否养成了注意倾听的习惯，是否愿意参加集体讲述活动，是否掌握并遵守语言交往中的有关规则，是否能运用日常用语进行文明交往。

3）能力目标的达成情况，即了解幼儿组词成句的能力和在具体语境中运用语言的能力，是否能根据活动中的语言情境来运用有关的词汇、语法和语调，是否能用连贯的语句说清楚自己所要表达的意思等。

在对以上三个方面进行分析的同时，还应对达成程度做出判断，一般分为三个等级：完全达到目标、基本达到目标、未达到目标。经过这样两个维度的分析，就会对幼儿经过语言教育活动后产生的变化具有更为详尽的了解，见表 1–3。

表 1–3　对目标达成的评价

项目＼程度	完全达到	基本达到	未达到
认知目标			
情感与态度目标			
能力目标			

（2）对幼儿参与活动程度的评价

重视观察幼儿在活动中的表现是评价的关键。关于幼儿参与活动的程度，可以分为三个等级：理想的等级是主动积极参与，处于中间的是一般参与，最不理想的是未参与。

1）主动积极参与是幼儿参与语言教育活动的最佳状态。在这种状态下，幼儿有着强烈的学习动机和浓厚的学习兴趣。从外在表现看，幼儿的注意力集中，对教师的指导用语和同伴的发言都能专心倾听。当教师提问时，幼儿纷纷举手发言，愿意在集体面前表述自己的观点或叙述一件事情。当分组活动时，幼儿的情绪高涨，活动气氛活跃。如果某一个教育活动在组织过程中，幼儿能主动积极参与，就说明该活动从目标的制定到内容的选择都是恰当的，与幼儿的语言发展状况有着高度的适应性。当然，也可以说明幼儿的发展状况是良好的。

2）一般参与是幼儿参与语言教育活动的中间状态。在这种状态下，幼儿仍然进行着学习活动，但基本上属于被动学习。在教师不断提醒下，幼儿能够集中一定的注意力倾听教师的话语和同伴的发言。当教师提出问题时，幼儿并不积极主动地举手发言，但是当被教师点到名字时，也能站起来回答问题，并且能够在集体面前表述自己的观点。在一般参与的状态下，通过教师的精心组织，基本上可以达到教育活动的目标，也能够完成教育任务。但是，这种状态的出现说明活动目标的制定和活动内容的选择与幼儿语言发展的状况还缺乏高度的适合性，还需要加以改进。

3）未参与是幼儿参与语言教育活动的最不理想状态。在这种状态下，幼儿对于正在进行中的活动毫无兴趣，当教师发出指令或是同伴发言时，他们不能集中注意力倾听，或是东张西望，或是与同伴打闹嬉戏，或是昏昏欲睡。这种状态的出现，说明教师事先在设计活动方案时，从活动目标的制定到活动内容的选择都是不恰当的，需要舍弃而重新设计。

2. 对活动本身的评价

对活动本身的评价也可以说是对教师教学工作和教学效果的评价。这个评价主要涉及教育目标、教育内容、教育方法、教育组织形式、教学环境材料的利用等。

（1）目标的评价

在评价教育活动的目标时，主要分析这一活动目标的提出是否以幼儿语言教育的目标和各个活动类型的目标为依据；是否从本班幼儿的实际情况出发，提出恰当的教育要求；在目标中是否包含了认知、情感与态度、能力等三个方面的内容；整个活动的设计与组织是否围绕教育目标进行。

（2）内容的评价

在评价教育活动的内容时，主要分析内容的选择与目标的要求是否一致；活动内容是否具有科学性和思想性；内容的分量是否适当，有无过多或过少的情况；内容的组织是否分清了主次、突出了重点，是否抓住了关键内容；内容的布局是否合理，各要点之间的衔接是否自然流畅；与幼儿的发展状况是否适合。

（3）方法的评价

在评价教育活动的方法时，主要分析方法的运用是否统一，方法的选择与运用是否随着活动目标、活动内容及幼儿实际的变化而变化，各种具体活动的方法与幼儿学习方式的适合情况如何，有没有采用有效的方式保障幼儿积极参与教育活动。

（4）组织形式的评价

在评价教育活动的组织形式时，主要分析在活动展开过程中，是否适当地进行了集体活动——分组活动——个别活动的组合与变换；是否只是局限于采用一种特定的活动形式；在活动的组织过程中，是否考虑到因材施教的问题；在分组时，是否考虑到人际关系以及幼儿的情感因素。

（5）环境材料利用的评价

在语言教育活动中，常常需要创设和利用一些有助于幼儿学习的环境、材料、教具和学具。在对其进行评价时，主要分析是否创设或选择了适合于活动内容和幼儿实际的环境材料，这些环境材料是否适合于教育活动的展开，选择的材料、教具、学具等是否适合于幼儿的操作，教具和学具能否做出若干组合，是否最大限度地利用了环境、材料、教具和学具所具有的功能。

3. 对幼儿教师的评价

在幼儿语言教育活动的评价中，对教师的评价也是一个很重要的方面，包括教师教学自评和管理者对教师的评价。有效的评价既可以促进教师自身能力的发展，又能促进幼儿语言教育目标的达成，提高幼儿语言教育活动的质量。进行教师评价，需考虑以下两个方面：

（1）教师的语言素质

教师的语言素质包括教师的口语表达能力和普通话水平，创作和改编故事、儿歌、散文的能力，了解幼儿语言发展程度并帮助幼儿提高语言发展水平的能力以及外语能力。另外，教师的语言素质还体现在教师是否能够有意识地通过各类语言活动，培养幼儿的创造性，是否能够积极进行日常生活中语言的渗透教育等。

（2）教师与幼儿的互动情况

教师与幼儿的互动情况的评价主要包括：教师是否充分发挥了其主导作用，是否创设了有利于发挥幼儿主体性并促进幼儿语言能力发展的物质环境和精神环境，教师与幼儿在活动过程中的交往是否和谐融洽、积极主动，幼儿的注意力、兴趣、情绪、意志、性格等非智力因素是否受到充分的激发和发展。

二、幼儿语言教育活动的评价原则

1. 客观性原则

客观性原则是指在实施语言教育活动评价时，必须采取客观、公正的态度，不能主观臆断或掺杂个人的情感色彩。

例如，教师在活动中观察幼儿的表现，不能因为某些幼儿讨人喜欢而对其问题视而不见；同时，也不能对那些“多事”的幼儿总是批评而很少表扬。

2. 诊断作用性原则

教育评价的目的是提高教学质量，所以对教育目标的达到既要有量的显示，也要有质的评定。不仅能看出是否达到目标的数量和程度，还要能以此找出原因，有针对性地进行教学。

例如，某次活动评价：“此次活动在王老师的带领下，开展得很成功，各项目标基本都已经实现。但是，整个活动的衔接还欠缺一些流畅性，对于幼儿的引导有时候有一些强制，这样容易挫伤幼儿活动的积极性。如果在这些方面加以注意，王老师的活动将会更加完善，效果一定更好！”

3. 连续性原则

教育评价必须有连续性和规定的程序，才能促进教育实践始终朝着实现教育目标的方向发展。在评价活动中，既要对幼儿语言发展情况做出评价，又要对语言教育活动的过程进行评价。要求评价者从受教育个体的发展性角度出发，做出其语言发展形成性的评价，同时要求对教育活动过程的各个环节进行评估，并设计出一定的程序，形成制度，保证评价的连续性。

例如，某评价指出：“此次活动课承接了之前的语言活动目标和任务，是对教育目标的一次延伸，孩子们通过活动也实现了在原有基础上的进一步发展。”

4. 全面性原则

教育评价必须是连续不断地对幼儿语言教育活动的各个组成部分和各个构成要素进

行全面的评价。内容包括：幼儿语言发展情况，教师的教学，语言教育目标，教育内容和方法，教具、学具的选择和利用，教师与幼儿之间的互动情况，静态和动态的活动要素等。

例如，下文的“综合等级评定表（表 1–4）”即体现了在评价活动时，要注意全面性和发展性（动静结合）的评价。

5. 多种评价方法和工具综合运用原则

在实际的幼儿语言教育评价中，须对语言发展与教育进行多方面的评价，单一方法和工具的运用不能形成全面、客观、准确和科学的评价结果，只有综合运用多种评价方法和工具，才能充分发挥评价的功能与作用。

例如，在活动评价过程中，一方面可以让教师进行自我评价，提高自我反思意识；另一方面，可以采用现代化工具将整个活动记录下来，然后大家一起评价，共同找出问题，并商讨下一步改进的策略，实现人人提高。

三、幼儿语言教育活动的评价方法

1. 自由叙述评价法

自由叙述评价法是将对教育活动的意见、判断、感想等自由地写下来，通过文字叙述对教育活动加以评价的方法。这种方法既适合于自我评价，也适合于对他人的评价。

例如，某幼儿教师在教学日志上写道：“今天的语言课上，小朋友们积极性很高，每一个人都踊跃地回答问题。我感觉首先是因为我们活动的前期准备做得比较好，小朋友们积累了必要的经验；其次，这次课上我采用了多媒体教学方式，呈现了多个图片和视频短片，能够更大程度地调动小朋友们的积极性，创造了良好的学习氛围，从而保证了较好的教学效果。这两个方面值得我不断地在以后的教学中进行尝试和改进。”

2. 观察评价法

观察评价法主要是通过对幼儿行为表现进行观察，分析整个教育活动的效果，包括评析活动目标的达成情况，活动内容和方法与幼儿的适合程度，以及幼儿通过活动在语言方面的变化。

观察评价法的具体运用有多种途径，最常见的是在自然情景下的观察，即在日常教育活动中进行密集、连续的观察。有时，教师也可以借助于提问来了解幼儿的语言表述情况。

例如，“李小晴今天的发音比较标准了，语速也慢了下来”“在今天的故事教学中，马依然、林洋、欧阳蕊蕊表现不是很好，还不能把故事比较连贯地讲述出来”。

3. 综合等级评定法

为了通过评价获得对幼儿语言教育活动的总体印象，可以使用综合等级评定法。这一方法是从纵向和横向两个维度确定评价指标，既对活动的各种因素进行分析与评价，又对活动的各种状态进行分析与评价，从而得到综合的评价信息。纵向维度包括构成语言教育活动的各种因素，主要有目标、内容、形式、参与活动程度、材料利用情况、师幼互动，横向维度包括教育活动各因素在运行过程中的状态及其等级。根据这两个维度制成综合等级评定表，见表 1–4。

表 1–4　综合等级评定表

目标达成分析	目标	完全达到	基本达到	未达到
	目标 1			
	目标 2			
	目标 3			
适合程度分析	适合程度	完全适合	部分适合	不适合
	内容			
	形式			
活动因素分析	参与程度	主动积极	一般参与	未参与
	材料利用	充分利用	一般利用	未利用
	师幼关系	积极互动	一般配合	消极被动

思考 · 练习

1. 幼儿语言学习的特点有哪些？
2. 如何理解幼儿语言教育的目标结构体系？
3. 举例说明如何在日常的教育实践中开展渗透性的语言教育。
4. 简述幼儿语言教育活动的设计和组织原则。
5. 列举一次幼儿语言教学活动实例，试分析此次教学活动的一般步骤。

第二章
幼儿谈话活动设计与指导

学习目标

- 了解幼儿谈话活动的特点
- 明确幼儿谈话活动的目标
- 能够独立地设计并组织开展幼儿谈话活动

幼儿谈话活动能大大促进幼儿语言能力的发展，实现提高幼儿词汇量、增强幼儿语言逻辑能力、丰富幼儿想象力、提升幼儿人际交往能力等目标。因此，幼儿园的谈话教育活动在幼儿语言教育中具有重要意义。

第一节　幼儿谈话活动概述

谈话是人与人之间以问答或对话形式进行的言语交往，是幼儿运用语言与他人交往的开始。幼儿谈话活动是帮助幼儿学习在一定范围内运用语言与他人进行交流的语言教育活动。

一、幼儿谈话活动的作用

幼儿谈话活动拥有宽松自由的交谈气氛，幼儿可以根据自己的感受，针对主题说自己想说的话，说自己独特的经验，因此在交谈的过程中，幼儿能够获得较大的语言信息量，开阔思路，丰富想象力，还能够有效地促进其创造性语言的发展。

谈话还能够培养幼儿的语言交际意识，促进幼儿情感、能力的发展，在谈话中建立起来的倾听和表述能力，也为幼儿语言交际能力的发展奠定了良好的基础，因此，谈话活动具有独特的促进幼儿语言发展的功能。

知识卡

与幼儿交谈的艺术

与幼儿交谈是幼儿园以及家庭语言教育的最基本形式，幼儿在与教师、父母、同伴及其他人的交谈中，会不知不觉地认识世界，获得大量新的知识。交谈是构建在积极有效的双方互动基础上，因此在愉快、自信、有尊严的气氛中进行的交谈，必定会使教师和幼儿在理解与分享中共同成长。

一、耐心倾听，努力理解幼儿的想法与感受

交谈过程实际上是由“听—说”关系构成的，教师在幼儿语言发展的关键时刻，做出及时有效的应答，会推进幼儿语言能力的发展。因此，耐心倾听是教师与幼儿对话交流的开端。

二、鼓励幼儿大胆、清楚地表达自己的想法和感受

了解幼儿的兴趣点和关注点后，让幼儿用他们自己感兴趣的方式表达，展开讨论的话题。教师不要在乎幼儿的谈话多么准确和优美，让每个幼儿说说哪怕是不成熟的想法；或者在很多幼儿争着要说话的时候，用分组或者三三两两自由讨论的方式来让每个幼儿都有说话的机会，使幼儿交谈的愿望得到满足。教师应允许幼儿说得暂时不对、不完整，要相信幼儿会在交往的过程中说得越来越准确、越来越完整，营造一种宽松、愉快的谈话氛围。

三、教师和家长要做“交谈记录”和“观察记录”

观察是挖掘幼儿天赋、潜力的开端，教师和家长需要仔细观察、聆听幼儿的交谈情况，并及时记录下来。

二、幼儿谈话活动的特点

1. 幼儿谈话活动有一个具体、有趣的中心话题

在谈话活动中，要有一个引导幼儿集中关注的中心话题，以此主导幼儿交流的方向，限定幼儿交流的范围，由于它的存在使幼儿的交流带有了一定的讨论性质。

例如，小班的谈话活动“我的一家人”（见本章第二节案例）中，幼儿在教师为其创设的谈话情境中，每个人围绕“我家里都有谁”这个谈话范围进行一层层的交流，不会游离在话题之外。

在幼儿园的谈话活动中，成功的中心话题往往包含三层意思：

（1）幼儿对中心话题具有一定的经验基础

只有幼儿对中心话题有一定的经验基础，才能使幼儿产生谈话的兴趣，进而才能围绕主题有话可讲。

假设谈话的主题是“伟大的某某科学家”，如果幼儿对这个人物是陌生的，或是认识不够，便无法就这一话题进行内容丰富的谈话。

（2）话题有一定的新鲜感

幼儿感兴趣的话题往往是那些新颖的生活内容，曾经反复提起和谈论的话题不会引起幼儿的强烈关注。

还以小班的谈话活动“我的一家人”为例，幼儿在第一次带着家人照片进行这一话题时，会有浓郁的兴趣；如果教师反复进行这样的谈话，或者虽更换形式却还是这个主题，便不能引起幼儿的持续兴趣。

（3）有趣的话题常常与幼儿近期生活中共同关心点有关

一定区域内幼儿生活中出现某些大家共同经历的事，如大家一起去春游，或是电视台新近放映的一部动画片，都能使幼儿产生交流和分享的愿望，从而成为有趣的中心话题。

例如，在传统节日临近之时，幼儿园适时开展如“赛龙舟的故事”“月饼的来历”等与传统节日相关的谈话话题，幼儿愿意说并能够说得较好，在发展幼儿语言能力的同时还可以达到德育教育的目的。

2. 幼儿谈话活动具有丰富的信息交流环境

幼儿谈话活动通常包含多方的信息交流，主要表现在如下三个方面：

（1）谈话活动的语言信息量较大

幼儿围绕中心话题交谈时，思路相对开阔。他们的语言经验各自有别，因此表达语言的形式也丰富多彩。

（2）幼儿交流的对象范围相对较大

幼儿有时在全班面前谈论个人见解，有时在小组里与几个幼儿交谈，有时还与邻座幼儿或教师进行个别交谈。

（3）谈话活动的语言交流方式较多

幼儿谈话活动包括教师与幼儿交谈、幼儿与教师交谈、幼儿与幼儿交谈等多种交流方式，它给幼儿提供的学习运用语言的机会是其他活动所不具备的。

3. 幼儿谈话活动具有宽松、自由的交流语境和气氛

在谈话活动中，幼儿可以围绕自己感兴趣的中心话题，自由地表达个人见解。无论幼儿原有经验如何，无论幼儿用什么样的表达方式谈话，他们都可以在这个范围里将自己想说的话说出来。

例如，在大班谈话活动“动画片里的人物”中，幼儿根据自己的经验和感受，谈论自己最喜爱的动画片、自己认为最有意思的角色等，他们会说出很多自己喜欢的动画片及动画片里面的人物和故事。在这样的谈话活动中，幼儿能够畅所欲言，状态是轻松快乐的。

谈话活动宽松、自由的气氛主要体现在两个方面。其一，不要求幼儿统一认识，允许幼儿根据个人感受发表见解，针对谈论主题说自己想说的话，说自己独特的经验。其二，不特别强调规范化语言。谈话活动鼓励幼儿交谈，积极说话，善于表达个人想法，但不要求他们一定使用准确无误的句式、完整连贯的语段。实际上，谈话活动重在给幼儿提供说的机会，让幼儿在用语言交流的过程中培养自己的语言能力，并产生相互影响，通过提高自己对语言的敏感程度而发展自己的语言。

4. 幼儿谈话活动具有较丰富的谈话素材

谈话所涉及的素材必须是幼儿知识经验范围以内的，可以取材于幼儿日常生活中的观察、参观、游览以及在不同媒体（如电影、电视、网络）中所获得的内容。幼儿的知识越多，谈话素材积累得越多，谈话的内容便越丰富。只有对某种事物或现象进行了多次观察，从不同角度比较细致地了解以后，幼儿才会有话可谈，谈话素材才能较完整、丰富，并触及事物的本质特征。

5. 幼儿谈话活动中教师起间接引导的作用

教师虽是幼儿谈话活动的设计组织者，但是在谈话活动中，教师的指导是以间接引导的方式出现的。为了创造谈话活动的宽松气氛，他们往往以参与者的身份参加谈话，给幼儿以平等的感受。在谈话活动中，教师的间接引导往往通过以下两种方式体现：

（1）用提问的方式引出话题或转换话题，引导幼儿谈话的思路，把握谈话活动进程。在本章第三节给出的案例中可以看出，每个谈话活动都有教师指导性问题的提出。

（2）用平行谈话的方式对幼儿进行隐性示范，教师通过谈论自己的经验，向幼儿暗示谈话时组织交流内容的方法。

例如，在“我最崇拜的金牌人物”的案例中（见本章第三节中班案例二），教师先出示相关的照片或信息，告诉幼儿自己最崇拜的金牌人物是谁，为什么会崇拜他，从他的身上学到了什么。这样，幼儿便会有感而发，积极地说出自己的想法，尤其是对于语言表达能力相对较弱的幼儿，给他们一个示范，让他们敢开口，逐步提高谈话的自信心。

应当说，教师在与幼儿谈话活动中承担的角色及其指导方法不同于其他语言教育活动，因而也成为这一类活动的独特之处。

三、幼儿谈话活动的目标

谈话活动着重培养幼儿运用口头语言与他人交往的意识、情感和能力，其具体活动目标表现在以下三个方面：

1. 认知目标

（1）学会倾听他人的谈话内容，学习常见的交往语言和礼貌用语。

（2）学习围绕一定的话题谈话，不跑题。

（3）知道在交谈中运用基本的语言规则，学会用轮流说话的方式进行交谈。

2. 能力目标

（1）能迅速掌握别人谈话的主要内容，从中捕捉有效信息。

（2）能围绕话题谈话，并用恰当的语言表达自己的见解。

（3）能够主动、热情地与人交谈，大方地在集体面前说话。

3. 情感与态度目标

（1）愿意用普通话与别人交谈。

（2）认真地倾听他人说话，愿意根据谈话主题陈述自己的意见或做出相应的反应。

（3）能主动运用听说轮换等基本交谈规则、方式进行交谈，并愿意使用礼貌用语。

知识卡

幼儿谈话活动各年龄阶段具体目标

一、小班

1. 学会安静地听同伴说话，不随便插嘴。

2. 喜欢与同伴交谈，愿意在集体面前讲话。

3. 能够听懂并愿意说普通话。

4. 在教师的引导下，学习围绕主题谈话，能用短句表达自己的意思。

5. 初步学习常见的交往语言和礼貌用语。

二、中班

1. 能集中注意力、耐心地听别人谈话，不打断别人的话。

2. 愿意与同伴交流，能大方地在集体面前说话。

3. 能说普通话，较连贯地表达自己的意思。

4. 学会围绕一定的话题谈话，不跑题。

5. 学会用轮流说话的方式交谈，不抢话，不插嘴。

6. 继续学习交往语言，提高语言交往能力。

三、大班

1. 能主动、积极、专注地倾听别人的谈话，迅速掌握别人谈话的主要内容，并从中获取有用的信息。

2. 能主动地用普通话与同伴交流，态度自然大方。

3. 能围绕话题谈话，会用轮流说话的方式交谈，并能用恰当的语言表达自己的情感，与同伴分享感受。

4. 逐步学习用修补的方法延续谈话，进一步提高语言交往能力。

第二节　幼儿谈话活动的设计方法与步骤

引导案例

活动名称

我的一家人（小班）

活动目标

1. 学会用简单的句子谈论自己父母的工作、家庭成员之间的关系以及父母对自己的爱护。

2. 能够围绕“我的一家人”这一话题进行谈话，并愿意参与个别谈话与集体谈话活动。

3. 具有爱家庭的情感，知道关心长辈，听大人的话。

活动准备

1. 实物玩具：小兔。

2. 每个幼儿准备一张“全家福”照片。

3. 投影机、照相机（请一名教师帮助拍照）、音乐播放设备。

4. 让幼儿回家了解父母的工作、家庭成员之间的关系以及平时在家主要做什么事。

活动过程

1. 创设谈话情境，引出谈话话题

（1）放录音《世上只有妈妈好》，教师带领幼儿边唱边做动作。

（2）请个别幼儿讲一讲“家里都有谁”，要求语句完整。

教师：“每个小朋友都有一个好妈妈，除了妈妈，‘家里还有谁？’谁能告诉老师？”

教师：“哪个小朋友能拿着照片到上面来讲？”

教师利用实物投影，让幼儿看着照片讲，教师重复幼儿的话，练习说话的完整性。（有……有……还有……）

（3）请其余小朋友拿照片，自由交谈“照片上有谁”。

教师：“大家一定也想说说自己的一家人。好！请大家拿好照片，给自己旁边的好朋友说说‘照片上有谁？’”

（4）了解、丰富词汇“全家福”的含义。

教师：“刚才，小朋友们介绍得很好。谁知道一家人在一起拍的照片叫什么？”（丰富词汇“全家福”，幼儿学说）拿出一张“全家福”请幼儿说：“这是谁家的‘全家福’？”

2. 引导幼儿围绕话题交谈，集体讨论

（1）教师以小动物的语气回答问题，起示范作用。

教师：“看！老师请来了大家都认识的客人小兔灰灰。”

教师：“灰灰与大家打个招呼。大家好！小朋友们怎么说？”（请幼儿回答）

教师：“灰灰很能干，能大胆地说出爸爸妈妈的工作。”

教师以小动物的语气回答问题：“小朋友们，我叫灰灰，我的爸爸在动物医院当医生，妈妈在银行当管理员。”

（2）请幼儿回答提问。

教师（以小兔灰灰的语气）：“小朋友们，你们能告诉我，你们的爸爸妈妈是做什么工作的吗？”（请幼儿回答）

教师（以小兔灰灰的语气）：“小朋友们真能干。谁还能告诉我，你们的爸爸妈妈在家都做什么事？”（请个别幼儿上台讲给大家听，对于讲得好的小朋友，可以让他抱抱亲亲小动物）

（3）阶段性小结。

教师：“现在老师要请一位非常能干的小朋友拿着自己的照片到前面来，告诉大家：

你家有谁？爸爸妈妈的工作是什么？他们经常在家做什么事？”（让幼儿注意倾听，把话说完整）

教师：“你喜欢自己的爸爸妈妈吗？”

3. 拓展谈话范围

情感教育：引导幼儿对自己的家人说一句“甜甜话”。

（1）小结提问，引出话题。

教师：“刚才小朋友说了自己爸爸妈妈的工作以及在家经常做的一些事情，还说非常喜欢自己的爸爸妈妈，那其他小朋友喜欢爸爸妈妈吗？”（请幼儿回答）

教师小结：“小朋友们都很喜欢爸爸妈妈，因为他们给我们买好吃的，买好玩的，帮我们做了许多事情。爸爸妈妈很爱我们，我们也很爱他们，希望他们天天开心，永远年轻、漂亮，对吗？”

（2）说一句甜甜的话。

教师：“今天回家之后对家人说一句甜甜的话，让他们开心好吗？”（请幼儿回答）

4. 隐性示范新的谈话经验

（1）谈话引出师生一起合拍“全家福”。

教师：“我们小（二）班就像一个幸福的大家庭。老师像你们的妈妈，你们也像老师的宝宝，小朋友之间就像兄弟姐妹，我们亲亲热热在一起，组成一个大家庭。老师知道大家都很爱这个大家庭，希望能天天看见家庭成员，现在老师有个好主意，让我们一起来拍一张‘全家福’，然后把这张大家庭的照片和你们自己小家庭的照片贴进老师画的别墅里，组成一个幸福的大家庭，并贴在教室走廊的墙壁上，让大家每天在进出教室时都能看到自己的爸爸妈妈，好不好？”

（2）拍照、粘贴“幸福大家庭”，结束活动。

教师讲解粘贴方法：“搬出别墅，每扇窗户就是一间房间，我们拍完照后，在塑料筐里拿四枚图钉，小朋友们把照片贴进每扇窗户里。”

放录音《我爱我家》，教师带领幼儿边唱边把自己的照片布置在房间里。

活动评价

通过主题活动，充分让幼儿了解、感受到家人为自己劳动的辛苦。随着活动的不断深入，“家庭”这甜蜜蜜的含义也在不断扩展、深化；幼儿与同伴、父母、教师之间的关心和爱护，也是甜蜜美好的。适时地开展这样的活动，有助于加深孩子对家人的感情。同时“大家庭”的含义也在此时慢慢地延伸，引导幼儿在体会家人、同伴关爱的同时，学习表达自己对家人、同伴的爱。

任何一种语言活动都有其自身的结构和规律，幼儿谈话活动更是具有独特的活动目标、对象和活动方式，这一点在设计与实施中也有着充分的体现。

下面结合小班谈话活动“我的一家人”，讲解幼儿谈话活动的设计方法与步骤。

一、创设谈话情境，引出谈话话题

设计和组织谈话活动的第一步，就是创设谈话情境。教师在谈话活动的开端，通过创设一定的情境，激发幼儿的兴趣，启发幼儿对与话题有关的经验进行联想，打开思路，做好谈话的准备。这是谈话活动不可缺少的一个环节。

谈话情境的创设，主要通过三种方式：

1. 用游戏或表演的形式创设谈话情境

通过开展一些游戏或表演活动，来提供与谈话内容有关的情境，以引起幼儿表述的兴趣。

例如，谈话活动“我的一家人”开始时，教师播放《世上只有妈妈好》的音乐，并带领幼儿边唱边做动作，让幼儿想到妈妈对自己的好，引发幼儿对妈妈的爱。

2. 用语言创设谈话情境

教师通过自己说一段话、提出一些问题来唤起幼儿的记忆，调动他们的经验，以便进入谈话。

例如，在“我的一家人”活动中，唱过歌后，教师对幼儿说：“每个小朋友都有一个好妈妈，妈妈每天都在为我们做什么？”进而可以再提示幼儿：“除了妈妈，家里还有谁？谁能告诉老师？哪个小朋友能拿着照片到上面来讲？”

3. 以实物或直观教具创设谈话情境

教师利用活动角、墙饰、桌面玩具、实物、多媒体等向幼儿提供与谈话主题相关的可视化形象，启发幼儿谈话的思路。

例如，在“我的一家人”活动中，教师利用实物投影，让幼儿看着自己带的照片来讲述“照片上都有谁”。

二、幼儿围绕话题自由交谈

这一步骤的目的在于调动幼儿个人对谈话中心话题的知识储备，运用已有谈话经验交流个人见解。如在“我的一家人”谈话活动中，教师让幼儿围绕照片介绍家人后，可请每个幼儿说说家人的职业，保证每个幼儿有充分谈话的机会。

1. 设计和组织幼儿围绕话题自由交谈的原则

（1）放手让幼儿围绕话题自由交谈

允许幼儿说与话题有关的任何内容，教师不需要进行示范、提示、纠正语病，让幼儿充分运用已有谈话经验说出自己想说的话。

例如，有些幼儿可能不仅仅说照片上都有谁，还会讲照片是在哪拍的，拍照时发生的事情，甚至是谁为他们拍的照片等，这时教师尽量不要打断幼儿的谈话，让幼儿说出自己想说的话。

（2）鼓励每位幼儿积极参与谈话，真正形成双向或多向的交流

教师可让幼儿自己选择交流对象。这些三三两两自由结合的小组，或是一对一的小组，更有利于发挥每位幼儿的积极性，使他们有更多的机会交谈，也可保证谈话的气氛更加融洽。

例如，教师引导幼儿将照片给自己旁边的好朋友看，并说说“照片上都有谁”。

（3）适当增加幼儿“动作”的机会

在谈话活动中，适当增加一些其他方式的操作活动更有利于调动幼儿的兴趣，提高他们说话的积极性。

例如，教师带来玩具小兔，以小动物的语气回答问题，起示范作用；然后可以请幼儿上台扮演小动物，并回答问题。又如在谈话活动“好吃的早餐”中，教师可为幼儿准备各种小点心，让幼儿边吃边讨论。

2. 设计和组织幼儿围绕话题自由交谈的注意事项

当幼儿进行围绕话题的自由交谈时，教师不能袖手旁观，让幼儿随便谈话而自己去做与谈话无关的事情。在这个活动阶段，教师的职责和任务主要体现在三个方面：

（1）教师必须在场

当幼儿看到教师在场时，即使教师并未说话，幼儿也能感到自己说话的价值，提高说话的积极性。可以说，教师在场意味着活动的正常进行，能够对幼儿谈话产生潜在的影响。

（2）教师参与谈话

教师可以采取轮番巡视的方式参与各组的谈话，到每一组都听一听幼儿的谈话，用微笑、点头、拍手等体态语言给幼儿以鼓励，也可用凝视、抚肩等体态语言暗示那些未能很好进入谈话状态的幼儿。教师还可以简单发表个人见解，或是对幼儿说话给予一定应答，或用自己的语言对各组幼儿的谈话做出反馈，这样能产生一定的积极影响。

（3）教师要观察幼儿谈话情况

教师要了解幼儿运用原有谈话经验进行交谈的状态，明确幼儿谈话的水平差异，为下一阶段活动的指导做准备。

知识卡

幼儿谈话活动内容的选择策略

一、幼儿感兴趣的、熟悉的、与生活紧密相关的话题，如饮食类、娱乐类、游戏类等。

二、幼儿有丰富感知的、有一定新鲜感的话题，如最近去植物园的观光、去部队的参观等。

三、一定区域内幼儿生活中的共同关心点，如最近大家共同经历的运动会或是电视台最近放映的一部动画片。

四、幼儿百谈不厌的话题，可以不断满足幼儿的想象力和创造力的谈话内容，如勇敢的奥特曼、我是孙悟空等。

三、教师引导幼儿逐步拓展谈话范围

中心话题的拓展是逐步进行的，在此阶段，教师通过逐层深入的谈话，向幼儿展示并帮助他们学习运用新的谈话经验，使幼儿的谈话水平进一步提高。

如在“我的一家人”活动中，中心话题是这样拓展的：首先提问“照片上都有谁”，然后问“家人都做什么工作，在家都做些什么”，到第三阶段，教师对幼儿进行情感教育，引导幼儿对自己的家人说一句“甜甜话”，表达自己对家人的爱。

在这里需要特别指出，所谓新的谈话经验，是幼儿要学习的谈话思路和谈话方式的总和。教师在设计组织谈话活动时，注意不要局限于学习一种句式或几个词汇。每一次设计谈话活动时，都应重视根据语言教育的要求和谈话活动的特点，寻找本次活动目标与新的语言经验点，力图从大的方面帮助幼儿整理谈话思路，掌握一定的谈话规则，获得一些适用于谈话的交往方式。

四、教师隐性示范新的谈话经验

教师在此阶段向幼儿展示新的谈话经验，不是用显性示范方式说给幼儿听，或用指示的方法要求幼儿怎么说，而是通过深入拓展的谈话范围将这种经验逐步传递给幼儿。

教师用提问、平行谈话的方法，将新的谈话经验引入，让幼儿在谈话过程中不知不觉地沿着新的思路去说，潜移默化地应用并最终学会新的谈话经验。

如在“我的一家人”活动中，教师这样进行隐性示范：我们的班级也是一个大家庭，小朋友之间就像兄弟姐妹，组织小朋友们一起拍一张“全家福”贴在教师画的别墅里，组成幸福的大家庭。教师在设计这一步骤的谈话活动时，应特别注意思考自己“说什么”和“怎么说”，因为此时教师说话的内容和方式，直接关系到幼儿新的谈话经验的学习。在这一阶段的谈话过程中，倘若教师准备不够充分，出现信口开河、随便说说的现象，或是干巴呆板、无话可说的局面，都将直接影响此次谈话活动的质量。

第三节　幼儿谈话活动设计与指导参考案例

一、小班谈话活动设计与指导

案例一

活动名称

好吃的水果（小班）

活动目标

1. 愿意与同伴个别交谈，愿意参与集体谈话活动，并体验分享的快乐。

2. 能安静地倾听别人谈话，养成良好的倾听习惯。

3. 能用简短的句子谈论自己爱吃的水果名称、形状及味道。

活动准备

1. 每个幼儿带一个自己爱吃的水果。

2. 教师准备几个水果，切成块状。

活动过程

1. 品尝水果，引入话题

教师将切好的水果请幼儿品尝，每人一小块，引起幼儿的兴趣。教师提问“水果好吃吗？什么味道的？你们喜欢吃水果吗？”幼儿回答后，请幼儿把自己带来的水果拿在手上。

2. 运用启发提问的方式，引导幼儿自由交谈

（1）教师用提问的方式引导幼儿自由交谈。

你喜欢吃什么水果？你带来的水果是什么颜色、什么形状的？闻一闻它是什么味道？快给你的小伙伴看一看、闻一闻，互相说一说自己的水果。

（2）教师巡回指导并参与谈话。

提醒幼儿安静地听对方讲话，等别人讲完了自己再讲，对跑题的幼儿给予指导，用插话的方式将幼儿谈话内容集中在谈自己带来的水果上。

3. 集体谈论水果

请在自由交谈中讲得好的幼儿在集体面前介绍自己带来的水果，教师用语言提示幼儿围绕水果说话，并要求讲话声音响亮，让大家都能听见。教师还要注意请语言水平较差的幼儿参与谈话，为他们提供在集体面前讲话的机会，帮助他们提高语言表述能力。

4. 引导幼儿拓展谈话范围

（1）以提问的方式提出新的话题。

你还吃过哪些水果？它是什么味道、什么形状的？吃水果有什么好处？让幼儿围绕新话题思考，并鼓励幼儿大胆表述。

（2）教师以参与者的身份给幼儿提供一定的谈话经验。

5. 分享水果结束活动

请幼儿把带来的水果与同伴一起分享，体验分享的快乐。

活动评价

本次活动利用幼儿生活中常见的水果作为幼儿谈话活动的内容，充分调动了幼儿说话的积极性，使每个幼儿有话可说。幼儿已有的谈话经验获得了提升，他们的主动性、积极性也得到了充分调动。

案例二

活动名称

打电话（小班）

活动目标

1. 体验与人打电话的快乐，能够大胆地用普通话表达自己的意思。

2. 尝试自主选取材料，简单想象，能够简要描述打电话时发生的对话。

活动准备

玩具电话若干，每个幼儿一张照片，各种人物头像若干，黑板。

活动过程

1. 回忆经验，创设谈话情境，引发幼儿谈话兴趣

教师："小朋友们，你们昨天看电视了吗？你们知道昨天是谁的节日吗？（国际护士节）她们有没有回家过节？"

教师："医生、护士为了给病人治病，还在医院工作，她们真辛苦。"

教师："我昨天看电视，有个小姐姐回家了，爸爸回家了，爷爷奶奶回家了，谁没有回家？（幼儿回答：妈妈）这时候，电话铃声响了。'喂！'小姐姐抢着接电话。是谁打来的电话？（妈妈）真的是妈妈！小姐姐真想妈妈，她和妈妈说了些什么？"

教师："你想妈妈时，会和妈妈打电话吗？你还想和谁打电话？"

2. 幼儿围绕话题自由交谈

（1）给好朋友打电话。

1）自由结对游戏。

2）集中交流，个别幼儿表演。

（2）给其他人打电话。

你还想和谁打电话？告诉老师，向老师要一张贴纸，贴在自己的照片上。自由选取材料操作练习。

3. 教师引导幼儿拓展谈话内容

（1）给爸爸妈妈、爷爷奶奶打电话时都说些什么？（我很想你，妈妈辛苦了……）

（2）给朋友打电话时都说些什么？（今天怎么没来幼儿园？我们一起出去玩儿……）

（3）集中交流：你和谁打电话？你的朋友真多，数一数，一共有几个？

活动评价

通过此次活动，在幼儿心中产生了相互关爱的情感体验。

幼儿有时能用简单的言语向别人表达自己的感受和需要，并叙述生活中的事。但是3～4岁的幼儿独白尚不流畅，带有很大的情景性。所以，在第一环节中激发幼儿回忆已有的经验，利用当前大众媒体中的公益广告，引出“打电话”主题。接着，在第二环节中让幼儿实践。看似游戏，实际上是提供宽松的氛围让幼儿发展口语表达能力。最后，利用材料，鼓励强化幼儿想给许多人（爸爸妈妈、爷爷奶奶、教师等）打电话，亲身体验给许多朋友打电话的快乐。

该活动不仅能在幼儿园开展，还适合在家庭中让幼儿练习，使幼儿逐步熟悉一些简单的社会交往的方式。

案例三

活动名称

我上幼儿园了（小班）

活动目标

1. 初步熟悉幼儿园的环境，逐渐适应幼儿园集体生活。

2. 愿意参加集体游戏活动。

3. 学习听普通话，能理解日常生活中的常用语。

活动准备

1. 暑假期间曾组织新生参加过“试园”活动。

2. 教学挂图。

活动过程

1. 组织幼儿围坐在教师身边，并引导幼儿和教师一起做拍手游戏。

2. 出示教学图片，引导幼儿观察并鼓励幼儿回答教师的问题。

（1）教师：“小朋友们，我们一起看漂亮的图片，好吗？”

（2）教师出示图片并提问：“小朋友们，这个是什么？漂亮吗？”

（3）教师轻轻地和幼儿一起回答：“那是滑梯、积木、沙池……”

（4）教师给幼儿一个概念：那是幼儿园的游戏室，是小朋友们做游戏的地方。

3. 组织幼儿参观幼儿园，观看幼儿园的园貌，并让幼儿说说幼儿园最漂亮的地方。

4. 活动延伸。

（1）教师引导、组织幼儿参加集体活动，让幼儿感受集体游戏的快乐。

（2）教师在幼儿离园时送给他们小礼物，并鼓励幼儿坚持上幼儿园。

活动评价

该活动从小班幼儿的特点出发，围绕“入园”开展活动，通过参观幼儿园及其相关的谈话活动，既锻炼了幼儿的语言能力，又加深了幼儿对幼儿园的认识，对其适应幼儿园的生活起到非常积极的作用。

二、中班谈话活动设计与指导

案例一

活动名称

各式各样的鞋子（中班）

活动目标

1. 认识皮鞋、旅游鞋、运动鞋等鞋子的名称及样式。

2. 能用“有……有……还有……”的句式进行完整表达。

3. 能够认真倾听同伴谈话。

活动准备

1. 布置鞋子展览室：运动鞋、皮鞋、凉鞋、拖鞋等各种鞋子，鞋架四个。

2. 资料：小男孩跑步、溜冰、穿雨鞋的图片，芭蕾舞和溜冰表演片段的视频。

3. 字卡：各种鞋子及颜色的字卡。

4. 句卡：有……有……还有……，我想发明……可以……

活动过程

1. 幼儿进教室自由参观鞋子展览室，引出谈话话题

教师："今天，老师带小朋友们到鞋子展览室去参观，我们一边看，一边说出你看到了什么颜色和材料的鞋子，并用'有……有……还有……'的句式完整地说出来。"

参观后提问：

（1）展览室的鞋子有很多种，按鞋子的颜色来讲述，请你用"有……有……还有……"的句式完整地告诉我。（随机出示字卡）

（2）按鞋子的种类来讲述，请你用"有……有……还有……"的句式完整地告诉老师和小朋友们。

2. 幼儿围绕话题自由交谈

请个别幼儿穿上爸爸、妈妈、自己的鞋，用完整的语言说出穿鞋子的感受。

教师："小朋友们说了这么多的鞋子，它们给我们的生活带来了方便。平时我们都穿自己的鞋，你们有没有穿过爸爸、妈妈的鞋呢？我请几位小朋友穿上爸爸的鞋，看走起路来是什么样的。"（引导幼儿说出：小朋友穿上爸爸的鞋，一步一步走得慢）"谁来穿上妈妈的高跟鞋，看走起路来怎么样？"（引导幼儿说出：穿上妈妈的鞋，摇摇摆摆要摔跤）"我们一起穿上自己的鞋，又是怎么样呀？"（引导幼儿说出：穿上自己的鞋，蹦蹦跳跳走得快）

3. 了解特殊功用的鞋子，拓展谈话范围

教师："老师给小朋友们带来了几双特殊作用的鞋子，我们一起来看一看。"

播放视频，幼儿欣赏芭蕾舞片段和溜冰的场景。

教师："小朋友们在做什么活动？穿了一双什么样的鞋子？"

出示图片，让幼儿用完整的语言说出运动鞋、雨鞋的用途。

4. 教师隐性示范新的谈话经验

启发幼儿想象，学习用"我想发明……可以……"的句式进行创造性讲述。

教师："这些鞋子都是发明家动脑筋发明出来的，它们给我们的生活带来了乐趣和方便。小朋友们，你们见过会长大的鞋子吗？老师想发明一双会长大的鞋子，脚长大了，鞋子也跟着一起长大。"

教师："你们想发明一种什么样的鞋子？这种鞋子有什么特别的功能？请你和旁边的小朋友讨论一下，说一说'你想发明什么，这个发明可以做什么'。"请个别幼儿在集体面前讲述，让幼儿练习并巩固新的谈话经验。

活动评价

谈话活动内容的选择是实现教育目标的手段，此次谈话活动的主题与幼儿生活密切相关，符合幼儿知识经验范围，能够引起幼儿谈话的兴趣。教师结合幼儿的认识水平，逐步拓展谈话范围，在丰富幼儿知识经验的同时使其学会并练习了相关的完整句式，取得了良好的教育效果。

案例二

活动名称

我最崇拜的金牌人物（中班）

活动目标

1. 愿意在集体面前说话，并能用较完整的句子较连贯地讲述"我最崇拜的金牌人物"。

2. 能耐心倾听同伴说话，并清楚地表达自己的意思。

3. 学会从同伴的谈话内容中找出自己也喜欢的金牌人物。

活动准备

1. 请幼儿带关于奥运会的资料。

2. 要求幼儿记住在奥运会上得金牌的人物。

活动过程

1. 创设情境，引出谈话话题

启发幼儿谈论奥运会的运动项目。

教师出示奥运会资料，激发幼儿的兴趣，然后用提问的方式引出谈话内容："小朋友们，你们谁能给大家讲讲奥运会上得金牌的大哥哥、大姐姐呢？"

2. 幼儿围绕话题自由交谈

让幼儿分组谈论交流奥运会上的金牌得主。

教师注意参与指导，可以到某一组里讲讲自己最崇拜的金牌人物（进行示范），引导幼儿将话题集中在"最崇拜的金牌人物"上。

3. 教师引导幼儿逐步拓展谈话

在分组谈话的基础上，教师集中全班幼儿，每组请两个幼儿来讲，内容涉及各个方面，有射击、跑步、游泳等。之后，教师通过启发提问，逐层深入拓展谈话内容，可这样提问："听了别的小朋友'崇拜的金牌人物'，你崇拜谁？为什么会崇拜他？我们现在还小，我们该做些什么呢？"

4. 教师隐性示范新的谈话经验

教师："小朋友们，你们知道老师最崇拜的金牌人物是谁吗？"教师出示相关的照片或信息，告诉幼儿老师为什么会崇拜他，老师从他的身上学到了什么。

5. 教师小结

金牌是来之不易的，运动员们成功的背后付出了许多辛勤的汗水。教育幼儿为他们的胜利感到骄傲，同时从现在起要好好学习，争取长大后为祖国做出贡献！

6. 延伸活动

可以请幼儿画一画崇拜的金牌人物，教师为其布置一个"奥运专栏"。

活动评价

本次谈话活动从奥运会出发，以"我最崇拜的金牌人物"为主题，采取幼儿分组讨论的方式进行，使幼儿在熟悉金牌运动员的同时了解运动员们获得成功所付出的艰辛努力，在发展幼儿语言能力的同时实现了德育教育的目的，很有意义。

案例三

活动名称

我的假期生活（中班）

活动目标

1. 能够讲述围绕假期生活主题的事情。

2. 能说出事件相关的人物和地点。

3. 愿意在集体面前讲述。

活动准备

幼儿假期生活照片墙、话筒。

活动过程

1. 出示照片，引出话题，激发幼儿兴趣

出示幼儿假期生活照片墙。

教师："请小朋友们看看这是什么？你们最感兴趣的照片是哪张？你们想知道他（她）在假期中发生了什么有趣的事情吗？"

2. 个别分享，明确分享内容

教师："谁愿意来说说自己的假期生活？"

分享过程中引导幼儿用简单语句说出和谁、在哪里、做了什么事情。

3. 自由结伴，围绕话题开展交流

教师观察幼儿交流情况并进行指导。在这个过程中，幼儿可以自由欣赏照片，自由结伴，如果感兴趣还可以向相关小朋友提问。

4. 谈话延伸：下个假期我想做什么

自由谈话丰富了幼儿对假期活动的认识，从而引发幼儿对下个假期生活的期望。

活动评价

谈话活动的设计从幼儿喜欢的假期入手，通过假期生活照片墙来引发幼儿谈话的兴趣，结合幼儿假期的实际体验，为幼儿谈话提供了有力的支持，提高了幼儿参与活动的积极性，促进了谈话活动教育目标的实现。

三、大班谈话活动设计与指导

案例一

活动名称

动画片里的人物（大班）

活动目标

1. 能在集体面前大胆地说出自己喜欢的动画片以及动画片里的人物，并能安静地倾听别人的谈话。

2. 能辨别哪些角色是善良、勇敢、聪明的，哪些角色是阴险、狡猾、愚蠢的。

3. 能大胆表现动画片里角色的神态、动作。

活动准备

1. 教师平日注意了解幼儿观看动画片的情况，鼓励幼儿多看儿童动画片。

2. 教师应对近期电影、电视上放映的动画片有一定的了解，以便指导幼儿更好地了解动画角色。

3. 教师准备多部动画片中角色的挂图，有关动画片角色的计算机课件，投影仪和音乐播放设备。

活动过程

1. 创设情境，引出谈话话题

用“看一看，说一说”的形式引出话题。

（1）教师用快速放映的方法，将很多动画片的画面呈现在幼儿面前。

（2）让幼儿说出自己看到了什么。

2. 幼儿围绕话题自由交谈

让幼儿熟悉周围的挂图，引导幼儿说出还知道哪些动画片里的角色。

教师：“刚才你们说的是动画片里的角色，那你们知道这些动画片的名字吗？我们一边看，一边说出它们的名字，好吗？”（教师逐一放映，幼儿回答所看到的画面是哪一部动画片）

3. 引导幼儿拓展谈话的内容，说出还看过哪些动画片

教师：“能告诉老师你们还看过哪些动画片吗？”

引导幼儿说出自己最喜欢的动画片，并说出原因。

教师："你们刚才说的动画片的确很好看，不过这些动画片里一定有一部是你最喜欢看的，你能把你最喜欢的动画片介绍给大家，并告诉大家你为什么喜欢它吗？"

4. 教师隐性示范新的谈话经验

教师引导幼儿说出哪些角色是聪明的、勇敢的。

（1）教师："你们刚才介绍了最喜欢的动画片。老师也有一部最喜欢的动画片，你们想知道吗？"（教师呈现"一休想问题"的画面）

（2）教师："你们喜欢这部动画片吗？为什么？"（引导幼儿说出一休的聪明和勇敢）

教师小结：当一休遇到困难的时候，就开动脑筋，不管有多难，他都会很勇敢地去解决困难，所以一休是聪明、勇敢的。

（3）做游戏，引导幼儿讨论还有哪些角色是聪明、勇敢的。

教师："我出一个问题，你们就像一休哥那样动脑筋，比一比谁最先想出老师的问题。"教师问："除了一休哥很聪明、勇敢之外，还有哪些角色也很聪明、勇敢？"

（4）和幼儿一起观看动画片，再次让幼儿体会这些角色的聪明和勇敢。

教师："你们说的这些角色的确很聪明、勇敢，你们想知道他们为什么这样聪明、勇敢吗？我们一起来看看吧。"（和幼儿一起观看，并让幼儿一边看一边讨论）

（5）幼儿扮演角色，随着动画片里的主题曲做游戏。

教师："我们今天认识了许多聪明、勇敢、坚强的角色，你们想不想扮成这些角色来做游戏呢？"在幼儿的游戏中结束本次谈话活动。

活动评价

此话题的选择很能激起幼儿的谈话热情，教师一步步引导提问，幼儿能有目的地思考、谈论，使谈话始终处于热烈的气氛中。大班幼儿对动画片角色的理解程度已经达到一定层次，因而能更清楚地表达自己的想法。

案例二

活动名称

我和动物的故事（大班）

活动目标

1. 喜欢小动物，能比较连贯地讲述自己与小动物之间发生的故事。

2. 愿意知道别人的故事，能认真倾听别人的发言。

3. 能积极表达自己的想法。

活动准备

班级中开展动物主题活动。

活动过程

1. 创设情境，引出话题

教师：“我们在电视里和图书上都看到过很多动物，动物园里也有很多动物，小朋友们最喜欢哪些动物呢？为什么？”

2. 幼儿围绕话题自由交谈

（1）请个别幼儿谈话，教师用插话的方式帮助幼儿丰富谈话内容。引导幼儿从动物外形、习惯等方面进行交流。

（2）教师：“大家互相讲一讲自己喜欢的动物。”幼儿自由结伴谈话，教师巡回指导，帮助幼儿丰富谈话内容。

（3）教师：“谁想把自己喜欢的动物讲给大家听？”请幼儿到集体面前示范谈话。

3. 教师隐性示范新的谈话经验

谈一谈我和动物的故事。

（1）教师讲一讲自己和小动物的故事。

（2）教师：“你们都很喜欢小动物，经常和它们一起做游戏、玩耍，你们和小动物之间发生过什么有趣的事？”

1）个别幼儿谈话。

2）幼儿自由结伴交谈。教师可以引导幼儿从我对动物的态度、和动物之间做什么游戏来谈。

活动小结

教师：“动物们都很可爱，你们愿意和动物成为朋友吗？地球是人类和动物共同的家，人类和动物要友好相处。我们该怎样保护动物？”向幼儿提出保护动物的话题。

活动评价

此次谈话活动创设了一个幼儿想说、敢说、喜欢说、有机会说，并能得到积极应答的环境，对幼儿语言的发展及其情感、经验、社会交往能力等方面的发展很有帮助。通过相互渗透的各领域教育活动发展幼儿的语言能力，在丰富多彩的活动中扩展幼儿的经验，提供促进语言发展的条件。这个谈话活动的开展，还对幼儿的情感发展起到了促进作用，激发了孩子们爱动物的情感。

案例三

活动名称

毕业典礼（大班）

活动目标

1. 能够围绕毕业典礼这个话题进行讨论，表达自己的想法。

2. 能够通过绘制网络图表达对同伴、教师的不舍之情。

活动准备

经验准备：绘制网络图经验。

物质准备：主题板，白纸，铅笔，橡皮，水彩笔。

活动过程

1. 围绕毕业典礼的话题展开讨论

教师："小朋友们，你们知道什么是毕业典礼吗？说到毕业典礼，你们会想到什么？"

（1）毕业典礼会做哪些事情？

教师："如果现在要举行幼儿园毕业典礼，你们想做哪些事情？"

（2）毕业典礼要准备什么？

教师："如果现在要举行幼儿园毕业典礼，你们要准备什么？谁来准备？"

2. 小组合作进行上小学网络图的绘制

（1）回顾主题网络图的绘制方法。

教师："小朋友们，你们还记得之前做过的主题网络图吗？"

（2）四人一组绘制"我们的毕业典礼"主题网络图。

教师："我们四个人一组，一起来制作我们幼儿园毕业典礼的网络图，好吗？"

3. 分享各小组毕业典礼的网络图

教师和幼儿一起汇总"我们的毕业典礼"网络图，并张贴到班级主题板上。

活动评价

中心话题“我们的毕业典礼”贴合大班幼儿的生活经验，能够调动幼儿参与的积极性，以此开展话题讨论。以小组的形式绘制主题网络图，促进幼儿之间相互学习，符合大班合作化共同学习的特点。

思考·练习

1. 为胜任幼儿谈话活动的设计与教学，幼儿教师应具备哪些专业技能？将具体内容进行整理分类，作为自身职业能力训练的目标。

2. 设计一个幼儿谈话活动方案，充分体现谈话活动的四个步骤。

第三章 幼儿讲述活动设计与指导

学习目标

- 了解幼儿讲述活动类型，能够科学、合理地选择适宜的活动内容
- 明确幼儿讲述活动的教育总目标，了解各年龄阶段的具体教育目标
- 认真学习案例，并能够进行案例分析，取长补短，提升设计水平
- 能够独立地设计并组织开展幼儿讲述活动

幼儿讲述活动是幼儿语言教育的一种重要组织形式，在幼儿园的语言教育中占据着重要的地位。幼儿讲述活动的设计与组织要符合幼儿教育的规律，以确保讲述活动的质量，促进幼儿语言能力的发展。

第一节 幼儿讲述活动概述

幼儿讲述活动是一种有目的、有计划培养幼儿语言能力的教育活动，是一种发展幼儿独白语言的形式。独白语言是比谈话更为复杂、周密的一种口头语言表达形式，它的

特点是要用比较完整、连贯的语言表达自己的想法，讲述自己经历过的事件，使听讲人都能明白讲述的内容。

一、幼儿讲述活动的类型

讲述活动以培养幼儿语言表达能力为主，帮助幼儿逐步获得独立思考和完整表述等诸多能力，其常见的类型包括以下几类：

1. 看图讲述

看图讲述是指教师启发幼儿在观察图片、理解图意的基础上，根据图片提供的线索，运用恰当的词句和完整、连贯、有条理的语言表达图意的一种教学活动。

图片是现实生活中的实物和事件的再现，具有一定的直观性，它色彩鲜艳、形象生动、情节鲜明，能够引起幼儿的联想和想象，使其产生表达的愿望。因此，看图讲述是对幼儿观察、思维和说话三种能力的综合培养。

2. 情境讲述

情境讲述是根据幼儿经验设计情境，由教师或幼儿扮演角色进行表演或操作木偶进行表演，在引导幼儿观看表演的同时，要求幼儿依据对情境表演的理解进行讲述的一种活动。

情境表演有场景、角色、情节，表演过程中有动作、表情，有时还有对话，具有强烈的直观性，能激发幼儿观察和讲述的兴趣，深为幼儿喜爱。在小、中、大班都可以进行，但要求幼儿观看表演时，注意力要集中，不仅要观察到表演者的动作和表情，而且要记住人物之间的对话；讲述时，要努力回忆观察到的情境印象。这个过程对幼儿的感知、记忆、想象、思维及口语表达能力，是一个很好的培养和锻炼。

3. 生活经验讲述

生活经验讲述是指幼儿在教师指导下，根据已有生活经验，借助一定的凭借物，用完整、连贯、有条理的语言讲述自己在生活中所经历或见过的事物的一种教育活动。这种讲述不仅可以培养幼儿独立、连贯的讲述能力，而且还可以促进幼儿正确感知社会生活，培养从小热爱生活的思想感情。

幼儿讲述自己生活，是根据自己的理解，将平时所见所闻的事进行整理，然后选用恰当的词句进行独立的叙述，这需要一定的概括和组织能力，有一定难度，适宜在中、大班进行。

除了上述三种主要类型之外，幼儿讲述活动还有一些其他类型，如写信讲述、创造性讲述、拼图讲述、续编故事讲述等，在此不进行详细讲解。

以上各类讲述活动各具风格，幼儿教师在设计相应活动时应根据本园本班的具体情况，结合各年龄段幼儿的特点，采用恰当的教学方法、手段，紧紧围绕活动主题开展教学，引导幼儿进行学习。

二、幼儿讲述活动的目标

1. 认知目标

（1）学会理解图片和情境中展示的事件，有选择地讲述事物、图片和情境，突出讲述的主话题。

（2）学会倾听别人的讲述，发现异同，并从中学习好的讲述方法。

2. 能力目标

（1）能准确说出讲述内容的主要特征或事件。

（2）能主动地在集体面前完整讲述，并且声音响亮。

（3）能够做到用语连贯、流畅，并且用词准确。

3. 情感与态度目标

（1）愿意运用各种感官感知讲述内容。

（2）认真地倾听他人说话，愿意根据主题讲述自己的想法或做出相应的反应。

知识卡

幼儿园讲述活动各年龄阶段具体目标

一、小班目标

1. 愿意运用各种感官，按照要求去感知讲述内容。

2. 能基本理解内容简单、特征鲜明的实物、图片和情境。

3. 愿意在集体面前讲述，能准确说出讲述内容的主要特征或事件。

4. 能安静地听他人讲述，并用眼睛注视讲述者。

二、中班目标

1. 养成先仔细观察、后言语讲述的习惯。

2. 逐步学会理解图片和情境中展示的事件顺序。

3. 能主动地在集体面前完整讲述，并且声音响亮。

4. 学习按照一定的顺序讲述实物、图片和情境的内容。

5. 能积极地倾听他人的讲述内容，发现异同，并从中学习好的讲述方法。

三、大班目标

1. 通过观察，理解图片、情境中蕴含的主要人物关系和思想感情倾向。

2. 能有重点地讲述实物、图片和情境，突出讲述的画面。

3. 能在集体面前自然大方讲话。

4. 讲述时语言表达连贯、流畅，且用词用句较为准确。

三、幼儿讲述活动的特征

1. 讲述活动有一定的凭借物

所谓凭借物，是指讲述活动中教师为幼儿准备的或幼儿自己参与准备的图片、实物、情境等。凭借物可以为幼儿的讲述提供语言素材，引导其思考。教师提供讲述的凭借物，使得幼儿的讲述具有明显的指向性。

2. 讲述活动有相对正式的语境

所谓正式的语境，就是要求幼儿根据讲述的凭借物，经过比较完善的构思，进行连贯讲述，属正式场合用语。与幼儿在谈话活动中的要求不同，不能那么宽松、自由，只要说明白就可以，而是需要考虑之后再发言。例如，同样是说与冬天有关的内容，在谈话活动中幼儿可以随便地谈论“我看到树上光秃秃的，树叶黄黄的，天气也变冷了。”而在讲述活动时，幼儿则要根据图片内容说：“冬天来了，天气冷了，树叶开始枯黄了，寒风一阵阵吹过……”总之，讲述活动必须根据语言环境要求，针对具体的凭借物，将表达的内容用较正规的语言讲述出来，这是讲述活动的一个重要特点。

3. 讲述是一种独白语言

独白，即说话的人独自构思和表达对某一事或物的完整认识。例如，在讲述“我的家”图片时，幼儿要依据图片独自思考：什么地方？有什么？发生了什么？并且确定先说什么、后说什么，要简单构思一个“腹稿”，然后按照图片的顺序，在集体面前完整地讲述出来。因此，讲述语言比谈话语言要求高，并且建立在一般交谈语言基础之上，它要求幼儿独自构思并独自表达出自己对某一内容的完整认识。讲述活动是培养、锻炼幼儿独白语言的特别途径，有别于其他各类语言教育活动，因此具有独特的教育价值。

知识卡

幼儿讲述活动与谈话活动的异同

幼儿讲述活动是以培养幼儿语言表达能力为主的活动，其目的在于要求幼儿积极参与命题性质的讲述活动，帮助幼儿逐步获得独立构思和完整表述的语言能力。而幼儿谈话活动是培养幼儿学习在一定范围内运用语言与他人进行交流的活动，它在培养幼儿的倾听行为和表述行为方面具有重要的作用。

讲述活动与谈话活动的教育作用大致相同，它们的不同之处包括以下几点：

1. 从活动目标上看，谈话活动注重幼儿运用语言与他人进行交流，而讲述活动则侧重幼儿清楚连贯表述某一事、某一物的能力。

2. 从活动内容上看，谈话活动往往围绕幼儿已有经验的话题进行交谈，而讲述活动则针对某一幼儿需认识的凭借物（图片、玩具等）进行讲述。

3. 从活动中幼儿运用语言方式上看，同样是口头语言的表达，谈话的语言属于对话范畴，正如人们一般交谈那样，不需要使用正式场合规范严谨的语言，而是宽松自由、不拘形式的语言，以说清楚自己的想法为主要目标。讲述不同于谈话，讲述是一种独白，要求使用类似正式场合的语言，并能规范、清晰、有条理地表达相对完整的观点。

第二节　幼儿讲述活动的设计方法与步骤

引导案例

活动名称

看图讲述——谁丢了皮球（小班）

活动目标

1. 能够按图片顺序讲述图片的主要内容，学习词语：又、再。

2. 能够结合情境表演的方式进行完整叙述。

3. 懂得拾到别人的东西应物归原主的道理。

活动准备

相关图片四幅，小熊、小公鸡、小白兔、小花猫的头饰各一个，实物皮球一只。

活动过程

1. 引起幼儿兴趣，感知讲述对象

（1）教师出示一只皮球，提问：“这只皮球找不到它的主人，怎么办呢？”启发幼儿想出多种办法。

（2）教师小结幼儿的回答，提出要求：“让我们来看看小熊是怎么做的。”

（3）教师出示四幅图片，引导幼儿观察、理解图片内容。

教师出示第一幅图片：“小朋友们，在这张图片上我们能看到什么呢？”“有一只小熊，还有一只红色的球。噢，小熊在草地上捡到一只红色的皮球。”

教师出示第二幅图片：“这张图片上又有谁呢？”“小熊、小公鸡哦。”“他们在干什么呢？”“小熊拿着球要干什么呢？我们接着看下一幅图。”

教师出示第三幅图片：“在这张图片中，小熊拿着球去找谁了呢？”“哦，小熊来到了小白兔的家，这只红色的皮球是小白兔的吗？”

教师出示第四幅图片：“小熊拿着红色的皮球又接着去找它的主人。小熊遇到了谁呢？”“小花猫。”“小花猫在干什么呢？”“哦，在找东西，找什么呢？”“对了，小熊捡到的皮球正好是小花猫在找的皮球。”

2. 幼儿围绕图片内容自由讲述，教师个别指导

（1）教师可把集体讲述和个别交流讲述相结合，鼓励幼儿联想、想象图片内容，运用已有经验大胆讲述，教师个别指导，但不做过多干预。

（2）教师小结幼儿讲述情况，指出优点和不足。

3. 引进新的讲述经验

（1）教师完整讲述图片内容。

第一幅：小熊在草地上玩，看见草丛里有只红色的大皮球，拾起来说：“咦！这皮球是谁丢的？我去问问朋友们吧！”它抱着红皮球向前走去。

第二幅：小熊走到小公鸡家，问：“小公鸡，这只红皮球是你丢的吗？”小公鸡摇摇

头说：“这只红皮球不是我丢的，谢谢你。”

第三幅：小熊抱着红皮球又向前走去，看到小白兔，小熊又问：“小白兔，这只红皮球是你丢的吗？”小白兔摇摇头说：“这只红皮球不是我丢的，谢谢你。”

第四幅：小熊抱着红皮球再向前走，看见小花猫正在找东西，连忙问：“小花猫，这只红皮球是你丢的吗？”小花猫接过红皮球一看，说：“这只红皮球是我丢的，谢谢你。”小熊说着“不用谢，不用谢”，然后高高兴兴地回家去了。

（2）丰富幼儿词汇：又、再。指导幼儿学说“向前走……又向前走……再向前走”。

4. 迁移新的讲述经验

（1）提供给幼儿每人一本小图书，让幼儿学习用新词自己讲述。

（2）鼓励幼儿回家后讲述给爸爸妈妈听或在语言区进行讲述。

5. 活动延伸

提供小熊、小公鸡、小白兔、小花猫的头饰，让幼儿进行情境表演。

活动评价

“谁丢了皮球”这个活动，情节简单、连贯，富有童趣，适合小班幼儿学习，通过活动使幼儿懂得拾到别人的东西应物归原主的道理；通过重点词“又、再”的学习，能够把情节连贯地讲述出来。

幼儿讲述活动在幼儿语言教育活动中发挥着不可替代的作用，它通过实物、图片、情境与现实生活密切联系，而且涉及科学、社会、健康、艺术几大领域，并与其密不可分，互相融合，互相促进，共同见证幼儿心智的全面发展。幼儿教师应按科学的方法与步骤生动活泼地开展此类活动，采用丰富多彩的教育形式，充分发展幼儿的语言表达能力。下面结合“谁丢了皮球”讲述活动，讲解幼儿讲述活动的设计方法与步骤。

一、感知理解讲述对象

幼儿讲述活动有较固定的讲述对象即前面所提到的凭借物，所以在组织幼儿讲述活动时，首先要帮助幼儿感知理解讲述对象。

在感知理解讲述对象时，主要是通过观察的途径，也就是用视觉汲取信息，常见的看图讲述、情境讲述等就是先让幼儿看图、看表演理解讲述对象。但也不排除用其他感官去感知讲述对象，如触摸实物讲述“神奇的口袋”活动，要求幼儿闭上眼睛从口袋里摸出一件物体，然后通过触摸感觉物体的特征，猜出物体名称并讲述物体；听录音讲述“夏天的池塘”活动，让幼儿听一段录音，先分辨出录音中各种声音，如知了、青蛙、蝈蝈、流水的声音，再将各种声音联系起来，想象出夏天池塘的情景以及发生的事情。

在小班看图讲述“谁丢了皮球”的活动设计中，教师在这一步骤就是运用观察的途径，首先对实物皮球和一些图片进行观察，再用启发式提问引导幼儿观察、感知图片内容，这样就能帮助幼儿感知理解讲述对象，激发幼儿讲述的兴趣。

二、运用已有经验讲述

在幼儿感知理解讲述对象的基础上，教师引导幼儿运用已有经验进行讲述。在这个环节中，教师应给幼儿提供各种机会，放手让他们自由讲述，充分调动每个幼儿讲述的积极性。

教师在指导幼儿讲述时要注意：

第一，在幼儿讲述前交代清楚教师的要求，提醒幼儿围绕凭借物讲述。

第二，注意倾听，及时发现幼儿讲述中的优点和不足，但在活动中不要过多指正和批评，以免打断幼儿的思路，打消其讲述的积极性。

一般来说，教师可以用提问的方式帮助幼儿有序讲述；以插话的方式加以提示，引导幼儿讲述；当幼儿遇到困难时，给幼儿提供线索，起搭桥引路的作用。

如在小班看图讲述“谁丢了皮球”活动中，教师采用集体讲述和个别交流讲述相结合的方式，鼓励幼儿联想、想象图片内容，运用已有经验大胆讲述，教师则在旁边进行个别指导，但是并没有做过多干预，从而调动每个幼儿讲述的积极性。

三、引进新的讲述经验

如果说让幼儿运用已有经验讲述是一个“放开”的过程，那么在引进新的讲述经验阶段就是一个“收回”的过程。

新的讲述经验是每次讲述活动学习的重点。教师应在制定活动目标时就考虑这个问题。新的讲述经验主要是指讲述的思路和讲述的方式，如引进新的句式“有的……在……，也有的……在……，还有的……在……”。

引进新的讲述经验有多种方式，归纳起来有以下三种：

第一，教师亲自示范新的讲述经验。

第二，教师通过提示引进新的讲述经验。

第三，教师与幼儿一起讨论新的讲述经验。

如在小班看图讲述“谁丢了皮球”活动中，通过教师完整讲述，即亲自示范新的讲述经验的方式，帮助幼儿丰富了新的词汇“又、再”“向前走、又向前走、再向前走”，了解了新的讲述思路。

四、巩固迁移新的讲述经验

在讲述活动中，单纯引进新的讲述经验是不够的，还需要给幼儿提供实际练习新经验的机会，让他们更好地体验、获得这些经验。因此，讲述活动的最后一个步骤是巩固迁移新的讲述经验。其具体做法如下：

1. 由 A 及 B

当幼儿学习了一种新的讲述经验 A 后，教师立即提供同类但不同内容的素材 B，让幼儿用讲述 A 的思路去讲述 B。

例如，幼儿学习描述一个人的相貌后，教师可让幼儿用同样的思路去描述另一个人，从而帮助幼儿掌握所学的新的讲述经验。

2. 由 A 及 A

在教师示范新的讲述经验并帮助幼儿理清思路后，让幼儿尝试用新的讲述方式来讲同一件事、同一情境。

例如，学习讲述“美丽的帽子”思路后，让幼儿开个帽子展览，向小班的弟弟妹妹介绍各种各样的帽子。值得注意的是，教师应要求幼儿创造性地运用新的讲述经验，尽可能地避免绝对模仿和复述别人的讲述内容。

3. 由 A 及 A1

用这种方法组织活动，教师可以在原讲述内容基础上，提供一个扩展或延伸原内容的讲述机会。

例如，在看图讲述“春天”活动中，教师在原图的基础上添画一只小鸟后，示范新的讲述经验，进一步要求幼儿也在图中添画，然后讲述新经验，从而让幼儿巩固和迁移新的讲述经验。这就是“由 A 及 A1”的迁移方式。

总之，有关讲述活动的设计与组织，有一个内在的完整的组织程序。可以说，每一次幼儿学习新的讲述经验，都在活动中进行操练、实践，以巩固、迁移语言经验，并且在下一次讲述活动中再次尝试运用。通过这种“滚雪球”的积累过程，幼儿的讲述能力会不断得到提高。

知识卡

幼儿讲述活动的组织和指导策略

1. 帮助幼儿积累相关知识和生活经验。
2. 教师示范，讲述语言要规范、亲切、生动。
3. 教师要尊重每一个幼儿，因材施教。
4. 教学形式丰富多样，开展相关的丰富多彩的活动。
5. 以发展幼儿倾听能力和连贯的语言表述为培养方向。
6. 教师应为幼儿创设畅所欲言、轻松愉快的语言环境。
7. 遵循幼儿年龄特点开展有序的教学活动。

第三节　幼儿讲述活动设计与指导参考案例

一、小班讲述活动设计与指导

案例一

活动名称

实物讲述——我喜欢的小饼干（小班）

活动目标

1. 能在集体面前自然大方地讲话。

2. 能用较完整的语言对饼干的颜色、形状等进行描述。

3. 能通过活动掌握如“圆圆的、甜甜的、香香的”等描述性词汇。

活动准备

1. 若干形状、大小、味道不一样的小饼干。

2. 活动所需要的盘子、布。

活动过程

1. 引起幼儿兴趣，感知讲述对象

用“闻一闻”的方式激发幼儿兴趣。

幼儿首先要依据凭借物的特点来猜想这是什么东西。请个别幼儿体验过后，让幼儿说出对此凭借物的感受并引导幼儿说出“香香的”等类似词语，最后教师解开谜题。

2. 幼儿动手操作，在与材料的相互作用过程中进行探索学习

让幼儿观察并摸一摸饼干，然后说出饼干的形状和颜色，在这个过程中，引导幼儿使用描述性词汇。

（和个别幼儿进行交流）教师：“你们有没有找到自己喜欢的饼干啊？老师将你们喜欢的饼干送给你们好不好呀？但是你们要说出你们要的饼干是什么形状、什么颜色、什么味道的。这样老师才能把饼干送给你们。”

3. 幼儿围绕实物自由讲述，教师个别指导

（1）教师可把集体讲述和个别交流讲述相结合，鼓励幼儿运用已有经验大胆讲述，教师个别指导，但不做过多干预。

幼儿将自己想要的饼干拿到之后，幼儿相互交流，“你的饼干是什么样的，我的饼干是什么样的”，相互看一看。

（2）教师小结幼儿的讲述情况，指出优点和不足。

4. 活动总结

教师将幼儿所喜欢的饼干特点加以总结，如“小朋友们，饼干是甜甜的、圆圆的、扁扁的”。然后让幼儿回家寻找还有哪些东西可以用“圆圆的、扁扁的”来形容，加深幼儿对这些词汇的认识。

5. 迁移新的讲述经验

（1）给幼儿每人一颗糖果，让幼儿学习用新词自己讲述。

（2）鼓励幼儿回家后讲述给爸爸妈妈听或在语言区进行讲述。

6. 活动延伸

提供各种幼儿感兴趣的实物，鼓励幼儿大胆表达，运用新学词汇讲述实物特点。

活动评价

活动选取了与幼儿生活密切相关的“饼干”为讲述主题，幼儿讲述兴趣浓厚。教师设计了多种感官共同参与的教学方式，鼓励幼儿自由讲述，同时借用糖果进行讲述经验的迁移，达到了培养讲述能力的教学目的。

案例二

活动名称

生活经验讲述——吃火锅（小班）

活动目标

1. 喜欢听故事，愿意尝试讲述故事。

2. 能够感受一家人在一起的其乐融融，在模仿中体验一起玩耍的快乐。

活动准备

1. 在模拟的“小社会”中重点引导“小菜场”活动，让幼儿熟悉各类菜名，对荤菜、蔬菜有初步了解。

2. 幼儿在家有过吃火锅的经历。

3. 各种食物图片。

4. 圆形铁盒 7 个，各种仿真食物玩具，纸杯、碟子、筷子、小勺。

5. 投影仪，妞妞、爸爸、妈妈、火锅等图片。

活动过程

1. 情景感知

（1）导入：“今天妞妞家真热闹，我们一起去看看吧。”

（2）多媒体演示，欣赏故事：冬天的天气真冷呀，爸爸妈妈说：“我们来吃火锅吧。”妈妈说：“我喜欢吃青菜，火锅里要放青菜。”（边说边将青菜放入“锅里”）以此类推，爸爸说爱吃鱼并放鱼，妞妞说爱吃肉并放肉。

（3）教师提问：“妞妞想考考我们小朋友的眼睛亮不亮，耳朵灵不灵。今天妞妞家发生了一件什么事情？（吃火锅）火锅里有些什么东西？这些东西是谁爱吃的？”（引导幼儿学说故事中的话）

2. 交流体验

（1）教师：“火锅可真好吃，里面的菜又多，吃着又暖和，老师也很想吃火锅。瞧，今天我也带来了火锅。我喜欢吃香菇、萝卜和贡丸，火锅里要放香菇、萝卜和贡丸。想和老师一起吃火锅的小朋友，一定要把你喜欢吃的菜的名字说出来，才能把菜放进火锅里哦。”

（2）个别幼儿上前演示示范。

要求：

1）幼儿说出要吃食物的名称后才能将相应的菜放入锅里。

2）能说完整句式“我喜欢……，火锅里要放……”。

3）鼓励幼儿说和故事里的以及别人说的不一样的内容。

（3）教师进行小结。

教师结合幼儿的表现用故事中的语言小结：“天气真冷，我们一起做了一锅美味的火锅，我发现每个人喜欢吃的东西都不一样，小朋友们说得真好。”

3. 游戏迁移

（1）教师：“你们喜欢吃火锅吗？为什么？”（引导幼儿说出吃火锅的心情——暖暖和和的、热热闹闹的）

（2）教师：“原来吃火锅是件这么快乐的事情，一家人围坐在一起，把大家喜欢吃的食物放在一个锅里，大家一起吃，亲亲爱爱、热热闹闹，而且菜总是热热的，不会冷掉。你们想吃火锅吗？”

（3）教师：“人太多了，我们就分成七个家吧。苹果家、橘子家……家的名字有了，那先来商量一下，你做这个家里的谁？”（以组为单位，幼儿相互商量所扮演的角色）

（4）教师：“家里的人挺多的，所以把吃的东西放进火锅里之前，先要像我们刚才吃火锅那样说说自己喜欢吃什么，再把喜欢吃的东西放进锅里，否则锅里的菜太多了，等一会儿你会吃不到自己喜欢的那个菜了。走，让我们一起回家吃火锅！”

（5）幼儿游戏，教师巡回观察并适时指导。对不开口的幼儿，教师应以问答的形式引导幼儿开口说一说；对能力一般的幼儿，教师应引导幼儿将多种菜名在一句话中说出，如“爸爸喜欢吃青菜、粉丝、鸡爪，火锅里要放青菜、粉丝、鸡爪”；对能力较强的幼儿，教师应引导幼儿尝试着在自己喜欢的食物上关注“家人”的喜好，会将同伴的话编进故事中。

（6）分享：以组为单位，交流分享，如“请苹果一家来介绍一下”。一组中，能力弱的幼儿说说自己扮演的角色、喜欢吃的菜、在火锅里放的菜是什么，能力强的幼儿可将一家人的行为编成故事。

4. 活动延伸

进一步开展美术活动“吃火锅”，利用各种材料和替代物丰富“火锅”内的“食物”。

活动评价

教学内容来源于生活，生活经验讲述活动是在幼儿已有经验上建立的，真正体现“尊重幼儿”“以幼儿发展为本”的理念。因为“吃火锅”的内容是小班宝宝所熟悉的，又与实际生活紧密结合——冬天到了，在家里经常会吃火锅。因此在活动中，孩子们会争先恐后地说，大胆地表达自己的想法，使活动十分热闹。

案例三

活动名称

看图讲述——鳄鱼的糖果牙齿（小班）

活动目标

1. 能在教师引导下发现画面中的细节，并用简单的语言描述。
2. 愿意在集体面前讲述。

活动准备

绘本《鳄鱼的糖果牙齿》，食物图片。

活动过程

1. 出示鳄鱼的图片，引起幼儿的兴趣

教师："我们看看图片上的小动物是谁？鳄鱼长什么样子？"

教师引导幼儿用较完整的语言描述鳄鱼的外形特征。

2. 教师围绕图片内容对幼儿简单提问，帮助幼儿观察画面内容

教师："鳄鱼在做什么？它吃的东西是什么味道的？什么时间吃的？你是怎样看出来的？它每天都吃这么多甜食，会怎么样？"

3. 幼儿自由讲述，教师个别指导

教师小结幼儿讲述情况，指出优点与不足。

4. 引进新的讲述经验

教师完整讲述图片内容，并丰富幼儿词汇：甜甜的、圆圆的、大大的。

5. 迁移新的讲述经验

（1）提供每个幼儿一张食物图片，鼓励幼儿用学习的新词汇进行讲述。

（2）鼓励幼儿回家后讲述给爸爸妈妈听或在语言区进行讲述。

6. 活动延伸

提供一个张开嘴巴的鳄鱼箱子及不同的食物图片，让幼儿边讲边喂鳄鱼。

活动评价

讲述图片选自绘本《鳄鱼的糖果牙齿》中的一幅具有代表性的画面，这幅画面色彩鲜明、情节简单且富有童趣，适合小班幼儿讲述。在活动中，教师用关键提问帮助幼儿仔细观察画面，并鼓励幼儿用完整的语言讲述，同时也引导幼儿大胆猜测故事中的鳄鱼吃了很多甜食后会怎么样，充分调动幼儿讲述的积极性，发挥幼儿的想象力。

二、中班讲述活动设计与指导

案例一

活动名称

看图讲述——没牙的老虎（中班）

活动目标

1. 能积极参与阅读过程，感受故事情节的趣味性。

2. 能观察到老虎表情的变化，从而理解故事情节的发展和转折。

3. 懂得要保护牙齿，要天天刷牙，糖不能吃得太多。

活动准备

教学图片 6 幅。班级内幼儿有牙疼的感受，对龋齿有初步的感知。

活动过程

1. 引导谈话，切入主题

教师提问：

“你见过老虎吗？”（见过）

“在哪里见过它？”（动物园、电视里、图书中、照片上……）

“你认为老虎哪里最厉害？”（牙齿、爪子、眼睛、耳朵……）

“接下来我们看看小动物们认为老虎哪里最厉害，是不是和我们认为的一样？”

2. 共同逐幅读图，猜想并表述画面内容

（1）引导幼儿观察图 1。

教师提问：

“看看小动物们认为老虎哪里最厉害？”（牙齿）

“从哪里看出来的？”（老虎张着大大的嘴，露出尖尖的牙齿，小动物们都吓跑了）

“谁是最聪明的动物，能想出好办法，把老虎的牙齿弄掉呢？”（狐狸、狮子、大象……）

“如果你是它，你会想出一个什么样的办法呢？”（等老虎睡着了去拔它的牙，把它送到医院去……）

“看看图片和我们想的是不是一样？”

（2）引导幼儿观察图片2。

教师提问：

“谁想出了好办法？”（狐狸）

“这是一个什么办法？”（给老虎送来了好多糖）

“为什么把糖送给老虎呢？”（老虎爱吃糖，想让老虎把牙齿吃坏了）

“老虎会说什么？”（谢谢，太好了……）

“它会怎样吃糖呢？”（老虎会赶快吃糖，它把一盒糖都吃了，会一颗接一颗地吃）

（3）引导幼儿观察图片3、4、5，侧重引导幼儿观察老虎表情的变化。

教师就图片3提问：

“老虎是怎样吃糖的？”（躺在床上吃糖，吃好多好多糖，一颗又一颗地吃……）

“老虎的表情怎么样？”（高兴，开心，特别美）

“你是怎样知道的？”（老虎笑眯眯的，老虎笑得牙都露出来了，老虎笑得眼睛都眯上了）

谈话：“看看接下来会发生哪些事情呢？”

部分遮挡的图片4（遮挡老虎）。

教师提问：

“这是什么地方？”（医院）

“发生了什么事？”（牛医生跑了）

“为什么？”（老虎来了，牛医生害怕了）

“猜一猜老虎会是什么样的表情？为什么？”（难过、伤心、痛苦，因为它总是吃糖，最后牙都坏了……）

露出图片遮挡部分，“请小朋友们仔细看看老虎的表情，和我们猜想的一样吗？如果你是它，你会怎样说、怎样做呢？”（幼儿大胆模仿出老虎痛苦的表情及语言）

谈话：“接下来看一看谁来给老虎看病了？”

部分遮挡的图片5（遮挡狐狸及使用的拔牙工具）。

教师提问：

“猜一猜谁来给老虎看病了？为什么？”（大象、狮子，因为它们是最厉害的动物；

狐狸，因为它是最聪明的动物，老虎的糖就是狐狸送的）

揭开遮挡狐狸的图片后提问：

“狐狸是怎样给老虎看病的？”（它用手里的钳子和扳子把老虎的牙给拔掉了）

谈话：“看看没牙的老虎是怎样的表情？”

（4）引导幼儿对比观察图片 6 和图片 1。

教师提问：

“老虎的表情有哪些变化？”（老虎不厉害了，老虎不张着大嘴吓唬小动物了，老虎有些不好意思了，老虎低下了头，老虎不发脾气了，老虎不瞪着眼睛了）

“小动物们的表情有哪些变化？”（小动物们不害怕了，小动物们都笑了）

3. 教师结合图片，为幼儿讲述故事，幼儿欣赏

教师：“接下来老师来讲一遍这个故事，小朋友仔细听一听这个故事和你编的故事一样吗？”

4. 幼儿尝试讲述

（1）将图片分发给各小组，进行讲述练习。

每个小组一套图片，幼儿在小组内分享讲述。

（2）故事讲述接龙游戏。

教师引导幼儿按照图片顺序讲述故事，请每个小组中的一名成员负责其中的一幅图画的讲述，使整个故事连接起来。如果时间充裕可以多进行几轮。

5. 总结分享

教师提问：

“老虎的牙齿为什么会生病？”（老虎总吃糖，不刷牙，牙齿就被蛀坏了）

“我们应该怎样保护自己的牙齿呢？”（少吃糖，吃完东西后要刷牙，睡觉前不吃东西，多吃蔬菜，不挑食，多运动）

活动评价

本次活动导入环节简单明了，激发了幼儿的学习兴趣，唤醒了幼儿的注意。在看图讲述过程中，教师运用多种手段调动和保持了大多数幼儿参与活动的积极性和主动性。

案例二

活动名称

看图讲述——大象救兔子（中班）

活动目标

1. 能大胆表述自己的想法和观点，讲述故事中角色的对话。

2. 尝试表演故事，体验与同伴合作表演的乐趣。

3. 懂得同伴之间应该相互关心、相互帮助的道理。

活动准备

背景图一幅，小兔、大象、老虎（插入教具），头饰若干。

活动过程

1. 进入主题（音乐响起，出示背景图）

教师："美丽的大森林里住着许多小动物，你们瞧，它们是谁呀？"

2. 演示教具，启发提问，引导幼儿讲述

（1）故事第一部分（玩耍）。

教师："小动物们在干什么？"讨论后总结："小白兔、小灰兔、小黑兔在森林里高高兴兴地玩着。"（学习词汇"高高兴兴"）请幼儿露出高兴的表情。

教师完整讲述第一部分故事内容："一天，三只小兔在森林里高高兴兴地玩着。"

（2）故事第二部分（危险出现）。

教师："哎呀！谁来了？"

教师："它来干什么？我们来学学大老虎的样子。"（集体模仿）

教师："小兔子们看见大老虎，心里会感到怎么样？它们会怎么做、怎么说？请一位小朋友学学小兔子害怕的表情与动作。"

教师讲述第二部分故事内容："突然，从森林里窜出一只大老虎，它张着大大的嘴，露着尖尖的牙，要来抓小兔子，小兔子吓得转身就逃。"

（3）故事第三部分（求救）。

教师："小兔子们逃到了河边，可是河很宽，河水很急，它们该怎么办呢？"（练习喊"救命呀！救命呀！"）

教师完整讲述第三部分故事内容："它们逃到了河边，可是河很宽，河水很急，它们连忙大声喊：'救命呀！救命呀！'"

（4）故事第四部分（得救）。

教师："看，是谁来救小兔子了？"（出示大象）"大象会用什么方法救它们？"

教师完整讲述第四部分故事内容："大象听到兔子的叫声连忙跑过来说：'快！快从我身上跑过去。'它伸长鼻子，翘起尾巴，就像一座桥，小兔子们就从这座桥上跑了过去。三只小兔子得救了。"（请幼儿一起学学大象的语言和动作）

（5）扩展性谈话。

教师："老虎追到河边，看见小兔子们都过了河，它心里会怎么样？你来学学老虎这时的样子。"

教师："老虎专门欺负小动物，真是个坏东西，我们来想想办法帮大象教训教训它。"（结果可以有多个）

3. 幼儿跟随教师完整讲述故事，并尝试为故事命名

（1）教师带领幼儿讲述故事。

教师："小朋友们真聪明，想了这么多办法来惩罚大老虎，你们想不想来讲讲这个有趣的故事？让我们一起来试试吧！"

（2）引导幼儿为故事命名。

教师："故事讲完了，谁给这个故事起个好听的名字？"

4. 幼儿和教师讲述故事，请个别幼儿尝试表演

教师："这个名字真好，故事也很有趣，如果把它表演出来就更精彩了，谁愿意来试试？我们大家一起来讲述故事。"

教师提问："学习了这个故事，你们明白了什么道理？"

教师总结："今天这个故事告诉我们，朋友之间、同伴之间应该相互关心、相互帮助，我们可不能学老虎，专门欺负别人，不然，总有一天会和故事中的老虎一样受到惩罚的。"

5. 活动延伸

幼儿自由结伴，表演故事。

案例三

活动名称

情境讲述——爸爸妈妈真爱我（中班）

活动目标

1. 能够准确观察并讲述表演的内容。

2. 学习词语：突然、削、妈妈给孩子喂药。

3. 知道爸爸妈妈很爱自己，要尊敬和热爱自己的爸爸妈妈。

活动准备

1. 活动前，和幼儿一起谈谈爸爸妈妈是怎样关心自己的。

2. 请大班幼儿表演节目"爸爸妈妈真爱我"。

3. 道具：床、桌椅、积木、体温表、水果、药等。

活动过程

1. 观看表演，引导幼儿感知理解表演内容

（1）介绍表演者，激发幼儿的兴趣。

教师："今天大班的三位哥哥姐姐为我们表演节目，小朋友们看看节目表演的是什么地方？节目里面都有谁？"

（2）大班幼儿完整表演"爸爸妈妈真爱我"，幼儿观看。

表演主要内容：请两名幼儿扮演爸爸和妈妈，一名幼儿扮演孩子。孩子感冒了，爸爸用体温计给孩子测体温，妈妈喂孩子吃感冒药，爸爸坐在一边给孩子削水果。孩子睡了一觉，不难受了，于是爸爸妈妈陪孩子一起玩积木……

教师提问："他们在什么地方？（在家里还是在幼儿园）""节目里都有谁？""讲了一件什么事情？"

2. 分段表演，教师借助提问，提醒幼儿围绕感知理解的表演进行讲述

（1）表演第一段后提问："小东突然怎么了？"（头疼，学习词汇"突然"）

（2）表演第二段后提问："爸爸妈妈做了什么？"（妈妈一摸小东的头说"很烫"，叫爸爸拿体温计给小东测体温）

（3）表演第三段后提问："测好体温后怎么办呢？"（妈妈倒水给孩子喂药，学习短句"给孩子喂药"；爸爸削梨，学习词汇"削"）

3. 引进新的讲述经验

（1）教师完整讲述表演内容，着重强调新词句"突然""削""妈妈给孩子喂药"。

（2）请个别幼儿运用新词句完整讲述表演内容。

4. 巩固迁移新的讲述经验

（1）教师提问："小东的爸爸妈妈关不关心小东？你们的爸爸妈妈一定也像小东的爸爸妈妈那样关心你们。你们的爸爸妈妈是怎样关心你们的？你们应该怎样感谢他们呀？"

（2）将幼儿分成三人一组，表演爸爸妈妈关心自己的事件。引导幼儿像自己的爸爸妈妈一样关心小朋友。

活动评价

情境讲述对幼儿的观察力、记忆力都有较高要求，所以整个情境要多次表演后，才能对幼儿提出较高的要求；用情境再现的方式可以激发幼儿强烈的讲述兴趣，与实际生活经验相结合，表达内容会更加丰富。此时，教师需多加引导，不要让幼儿跑题或无话可说。

三、大班讲述活动设计与指导

案例一

活动名称

生活经验讲述——早餐，你喜欢吃什么？（大班）

活动目标

1. 理解故事内容，知道样样东西都爱吃才能健康的道理。

2. 能够运用“如果……可能是……”句型来表达自己的想法。

3. 在集体阅读中体验阅读的快乐。

活动准备

1. 前期做过幼儿早餐情况的调查。

2. 各种早餐的图片，故事《早餐，你喜欢吃什么？》的幻灯片。

活动过程

1. 看看说说——了解自己早餐的情况

交流各自早餐吃了些什么。

教师：“今天早上小朋友们都吃早餐了吗？你们吃了什么呢？”

2. 猜猜讲讲——理解故事内容，知道样样东西都有营养都要吃的道理

（1）边看图片边猜猜讲讲。

教师：“今天老师给小朋友们讲一本关于早餐的绘本，绘本的名字叫作《早餐，你喜欢吃什么？》。”（出示封面）

（2）教师：“好，我的早餐盘子要来了，请你们看好哟。”

幼儿从盘子里的食物来推测谁来吃早餐，使用句型为：“可能是……，也可能是……，或者是……”。

（3）教师：“如果它喜欢吃肉骨头，那么它可能是？（小狗）”

教师提示："在猜的时候用'可能'来告诉我，好吗？"

（4）教师："早餐盘子又来了，看看是什么。如果它喜欢吃鱼，那么它可能是？（猫）"

"早餐盘子又要来了，越来越难了。"

"如果它喜欢吃胡萝卜，那么它可能是？（兔子）"

"如果它喜欢吃青草，那么它可能是？（羊）也可能是？（牛）还可能是？（马）"

"如果它喜欢吃虫子，那么它可能是？（鸡）也可能是？（鸭）还可能是？（鸟）"

（5）教师："如果它样样东西都爱吃，那么它可能是谁呢？"

"如果它样样东西都爱吃，那么它有可能是一个大怪物（哈，开玩笑），也有可能是一个健健康康的小朋友。"

3. 师幼共同连贯地讲述故事

教师："老师想请小朋友们来讲一遍这个故事。如果愿意的话和我一起说吧。"

4. 幼儿自己讲故事

教师："刚才老师和你们一起讲了故事，现在我想请你们自己来讲故事，你们愿意吗？记住要用'如果……可能……'来讲。"

活动评价

本次活动在猜测环节为幼儿提供一个较大的想象创编空间。活动时让幼儿畅所欲言，积极猜测到底是谁爱吃这些早餐，使多数幼儿都能用"可能是……"的句型回答出所提的问题。幼儿积极发挥想象力，大胆阐述，敢于表达，活动的预设目标基本实现。

案例二

活动名称

看图讲述——狼和七只小羊（大班）

活动目标

1. 能根据故事的情节，清楚、连贯、有序地讲述故事。

2. 借助想象和推理，猜想故事的发展情节。

3. 积极参与讲述活动，体会其中的乐趣。

活动准备

狼和七只小羊的图片，大灰狼、羊妈妈、小羊的头饰。

活动过程

1. 引出故事中的主人公，激发幼儿兴趣

（1）教师出示故事封皮，提问：“今天老师带给大家一本图画书，请你们看看封面上有谁？”

（2）教师小结幼儿的回答，提出要求：“让我们看看故事中发生了什么事情？”

2. 围绕故事图片，引导幼儿仔细观察和自由表述自己的观点

（1）教师出示第一页图片，引导幼儿观察画面，并尝试完整讲述画面中的故事情节。教师：“请小朋友们仔细看画面中有谁，猜一猜图片上发生了什么，如在什么时间、在什么地点、都有谁、发生了什么事情以及他们之间的对话。”

（2）教师小结幼儿的讲述，指出亮点和不足，提升幼儿经验。

（3）教师出示第二页图片，引导幼儿观察画面，并尝试说一说画面中的故事情节。教师：“请小朋友们看画面中出现了谁？你觉得这是一只什么样的大灰狼呢？想一想大灰狼为什么来到小羊家里呢？它是怎样来到小羊家里的呢？大灰狼此时此刻在想什么呢？它会对小羊说什么呢？小羊该怎么办呢？”

（4）教师小结幼儿的讲述，指出亮点和不足。教师重述幼儿使用的形容词，提升幼

儿经验。

（5）教师出示第一页和第二页图片，提出要求：请幼儿尝试使用刚才听到的好听的词汇将两图连续讲述。

（6）教师小结幼儿的讲述，指出亮点和不足，提升幼儿经验。

（7）教师出示第三页图片，引导幼儿仔细观察画面，并尝试说一说画面中的细节（表情、动作、爪子）变化。教师："请小朋友们仔细看画面，看一看图片中的大灰狼有什么变化？你觉得它的爪子是怎么变白的呢？大灰狼的表情是什么样的？这一次大灰狼会对小羊说什么呢？哪位小朋友来演一演大灰狼？"

（8）教师小结幼儿的讲述，指出亮点和不足，提升幼儿经验。

（9）教师出示前三页图片，提出要求：请幼儿尝试连续讲述。

（10）教师小结幼儿的讲述，指出亮点和不足，提升幼儿经验。

3. 出示第四、第五页图片，请幼儿两两分组完整讲述故事

（1）教师请幼儿两两分组互相讲述后面的故事，并给故事创编一个合适的结尾。

（2）幼儿分享。

（3）教师指出亮点和不足，提升幼儿经验。

4. 请幼儿尝试将五幅图连续讲述

（1）幼儿讲述。

（2）教师指出亮点和不足，提升幼儿经验。

5. 活动延伸

提供大灰狼、羊妈妈、小羊的头饰，让幼儿进行情境表演。

活动评价

本次活动选用幼儿较熟悉的绘本，幼儿在教师的引导下积极表述自己的所思所想，不仅能借助想象和推理，猜想故事的发展情节，还能根据故事的情节，清楚、连贯、有序地讲述故事。在整个活动中，幼儿的参与性很强，表现出浓厚的兴趣。

案例三

活动名称

看图讲述——猪先生去野餐（大班）

活动目标

1. 能看懂画面意思，发挥想象创编情节合理的故事内容。

2. 能用清楚的语言大胆表达自己的想法。

3. 懂得做任何事情都要有自信，且不能盲目跟从。

活动准备

1. 幼儿对连环画有一定的了解。

2. 绘本图片。

活动过程

1. 故事导入，激发兴趣

教师：“有一位猪先生准备邀请猪小姐去野餐，请你们猜猜它在去邀请猪小姐的路上会发生什么事情?”（鼓励幼儿大胆猜想）

2. 教师出示图片，引导幼儿观看并创编故事情节

教师提问：

（1）猪先生在路上遇到了谁，发生了什么事情?

（2）它和狐狸（狮子、斑马）之间会说些什么?

（3）猪先生的心情是怎样的？你从哪里看出来的?

（4）猪小姐见到猪先生后有什么反应？会说些什么?

（5）猪先生最后怎么样了?

教师：“请你们把这几幅图根据画面内容连起来编出一个小故事。”（鼓励幼儿大胆

创编故事情节）

教师讲述故事，请幼儿仔细倾听绘本中的故事情节。

3. 结束部分

（1）教师联系生活实际讨论："这个故事告诉我们什么道理？"

（2）教师小结："在生活中不管做什么事情都要对自己有信心，不管别人说什么、做什么都不盲目跟从。"

4. 延伸部分

教师："请小朋友们继续创编故事结尾，并分享给你们身边的朋友听。"

活动评价

教师在活动中以绘本为基础，通过精心设计的提问，激发幼儿想象与创编能力，充分发挥幼儿主动性，完成了讲述活动。同时，根据故事联系生活实际对主题进行了升华。

附：故事

猪先生去野餐

今天，真是个野餐的好日子。

猪先生精心打扮着自己，他期待着猪小姐能与他一起去野餐。

"呵呵，真希望她会说'我愿意'啊。"

"嗯，我再摘朵花送给她，一定能够打动她！"

路上，猪先生遇到了他的朋友狐狸。

狐狸听说了野餐的事，就说："让我给你一个建议，把我美丽的尾巴借去吧。"

"瞧，你看上去有多聪明啊，猪小姐肯定会喜欢的。"狐狸说。猪先生很满意。

接着，他又遇到了他的朋友狮子。

狮子听说了野餐的事，就说："让我给你一个建议，把我美丽的头发借去吧。"

"瞧，你看上去有多威猛啊，猪小姐肯定会喜欢的。"狮子说。猪先生很满意。

后来，他又遇到他的朋友斑马。

斑马听说了野餐的事，就说："让我给你一个建议，把我美丽的条纹借去吧。"

"瞧，你看上去有多英俊啊，猪小姐肯定会喜欢的。"斑马说。

猪先生很满意。他觉得自己从来没有这样英俊过。

终于来到猪小姐家了，猪先生激动地敲了敲门。

"能有幸请你一起去野餐吗？"他问。

猪小姐吓了一大跳："噢，不行！你是哪儿来的妖怪呀？你要是再不走开，我就去叫猪先生了，他会来收拾你的！"

猪先生连忙往回跑。

一路上，他把条纹还给了斑马，把头发还给了狮子，把尾巴还给了狐狸。

然后，他又赶回到猪小姐的家，再一次摁响了门铃。

"能有幸请你一起去野餐吗？"他又问。

"啊呀，猪先生！"猪小姐叫道，"看到你我真是太高兴啦，我很愿意跟你一起去野餐。刚才来了个丑八怪，就站在我的院子里，可把我吓坏啦。"

一路上，猪小姐把那个丑八怪的故事仔细地给猪先生讲了一遍。

她英俊的朋友猪先生，则一起满怀同情地听着。

思考 · 练习

1. 试讨论在幼儿园开展幼儿讲述活动的重要意义。

2. 结合幼儿语言发展的特点及其阶段性，谈一谈成功的幼儿讲述活动的教学对幼儿语言发展的促进作用表现在哪些方面？

3. 幼儿讲述活动的主要类型有哪几种？各有何特点？试选案例进行具体分析。

4. 自行设计幼儿园小班、中班、大班讲述活动教育方案，并进行模拟试教。

第四章 幼儿语言游戏活动设计与指导

学习目标

- 了解幼儿语言游戏的类型，能够科学、合理选择适宜的内容
- 能独立设计并组织开展幼儿语言游戏活动
- 认真学习案例，能够进行教学实践模拟，做到触类旁通、举一反三

语言游戏为幼儿提供了一种游戏情境，较好地吸引幼儿参与到语言的学习中去。幼儿语言游戏活动的正确设计与指导，能够使幼儿在积极愉快的活动中按照一定规则练习口头语言，培养他们在口语交往中的倾听和表达能力。

第一节 幼儿语言游戏活动概述

语言游戏是智力游戏的一种，是在教师组织指导下，以发展幼儿语言为主要目的的、有规则的游戏，是用游戏的方式组织进行的语言教育活动。这种特殊的语言教育活动，含有较多规则游戏的成分，能够较好地吸引幼儿参与到学习语言的活动中去，真正

达到“寓教于乐”“游戏教学化，教学游戏化”的目的。

一、幼儿语言游戏活动的意义

在语言教学活动中有机渗入游戏因素，幼儿将有更多的机会运用语言、发展语言，从而使语言教学成为真正有意义的、幼儿乐于参与的学习活动。

1. 语言游戏让语言交往环境变得更加自由、轻松、愉悦

在语言游戏中，教师留给幼儿更多的游戏空间，更好地贴近幼儿的学习特点，让幼儿带着强烈的兴趣完成语言的学习。幼儿在整个活动中占据主体地位，产生对活动的兴趣性体验、自主性体验和胜任感体验。

2. 语言游戏能更好地体现教育的包容性和灵活性

语言游戏使幼儿能在较自由、轻松的氛围中主动运用语言参与学习，其个体学习活动的特点与差异都能得以展现。此时，教师如能及时地观察、了解和理解幼儿，捕捉幼儿学习的信息，反思和调整教育目标和教育内容，改进教学方式方法，那么这个语言教学活动过程对于幼儿来说就会是“有意义的”。教育的包容性和灵活性是幼儿“有意义学习”的核心，而语言游戏则能较好地体现教育的包容性和灵活性，促使每个幼儿在运用语言过程中主动地发展语言能力。

3. 语言游戏能更好地实现师幼互动

语言游戏为幼儿提供了愉悦的感受和自主活动的空间，同时也为教师提供了观察、倾听、了解幼儿的机会。教师应在活动中合理定位，敏锐地察觉幼儿的需要，及时以适宜的方式做出应答，从而促进幼儿在“互动”的关系中获得语言能力的发展。

二、幼儿语言游戏活动的目标

1. 认知目标

（1）复习巩固发音。包括对难发音、方言干扰音、声调、发声用气的练习。

（2）扩展练习词汇。包括同类词组词和不同类词搭配的经验。

（3）尝试运用句型。一般而言，幼儿阶段前期的儿童将达到从简单句过渡到合成句的水平，幼儿阶段后期的儿童开始进入理解嵌入句的水平。

2. 能力目标

（1）迅速领悟游戏语言规则的能力。

（2）迅速调动个人已有语言经验编码的能力。

（3）迅速以符合规则要求的方式进行表达的能力。

3. 情感与态度目标

（1）积极并乐于参与游戏活动。

（2）能够认真听教师的讲解，理解游戏的规则。

（3）听懂游戏的指令，把握游戏进程。

（4）准确把握和传递有细微区别的信息，提高倾听的精确程度。

总之，语言游戏作为一种特殊形式的语言教育活动，为幼儿的语言发展提供了某些特别的机会。教师应抓住这种机会去促进幼儿的语言学习，为他们语言能力的整体提高创造良好的教育环境。

知识卡

幼儿园语言游戏活动各年龄阶段具体目标

一、小班目标

1. 乐于参与语言游戏活动。

2. 学习理解并遵守游戏规则。

3. 养成倾听他人说话的习惯。

4. 在教师的引导下，学习围绕游戏主题的活动，能完成无竞赛性质的语言游戏。

二、中班目标

1. 能积极参与语言游戏活动。

2. 初步理解游戏规则的意义，能够自觉遵守规则并学会互相监督。

3. 乐于参与竞赛性质的语言游戏，具有一定的竞争意识。

4. 学会与他人进行合作，共同完成游戏。

三、大班目标

1. 能主动、积极地参与各种语言游戏活动。

2. 通过教师的讲解，能迅速掌握游戏玩法和规则，并能主动遵守、互相监督。

3. 能够在教师的带领下，积极思考，不断创新，使语言游戏更加丰富、灵活。

4. 能主动、积极、专注地倾听别人的说话，迅速理解别人说话的主要内容，并从中获取有用的信息。

三、幼儿语言游戏活动的类型

1. 练习听音和发音的游戏

幼儿期是语言发展的关键期，能听准、说准本民族的语言尤为重要，所以对幼儿进行听音、发音的练习是有必要的，而利用游戏发展幼儿的语言听觉能力是十分有效的方法。在游戏中，可以让幼儿着重练习他们感到困难的和容易发错的语音，但每次练习不要过多，以免难点集中，影响效果。“买东西”就是比较典型的练习听音和发音的游戏。

案例一

游戏名称

买东西

游戏目标

1. 能分辨“zh”“ch”“sh”相似字音。

2. 能听清指令，并按指令做事。

游戏准备

游戏前将活动室的一角布置成娃娃家，一角布置成自选商场。商场内放有各种物品，如手工纸、狮子、鸡翅等带有声母“zh”“ch”“sh”的卡片或实物若干件。

游戏玩法

教师扮演妈妈，幼儿扮演孩子。妈妈说：“孩子，妈妈请你帮忙去商场买几样东西。听好了：去买三张手工纸、五个鸡翅，记住了吗？”孩子根据指令去自选商场购物。配班教师扮演商店售货员，幼儿来买东西时，必须说对物品的名称后才能卖给他。孩子购物完毕回到妈妈身边，要告诉妈妈他买了些什么物品，妈妈检查是否完成任务。然后换一位幼儿，游戏继续进行。

游戏规则

必须按妈妈的要求买东西；买东西的幼儿必须说清楚物品的名称，才能买到物品；如果发音不正确，售货员就不卖给他，可以请别的幼儿帮助纠正。

（备注：该游戏可以根据幼儿的个体差异布置不同难度的指令。）

游戏评价

这是一个典型的小班幼儿练习发音的语言游戏。小班幼儿在吐字发音上还存在着较多问题，尤其是相近音的区分。游戏模拟娃娃家的情形，通过“孩子”帮助“妈妈”买东西，让幼儿在游戏当中学习和巩固了“zh”“ch”“sh”的发音，使教育游戏化。

2. 识字游戏

3 ~ 6 岁的幼儿已经有了口语的基础，同时也有一定的知识储备，完全有能力在游戏、儿歌、讲故事过程中自然识字。在教幼儿识字的过程中，教师可设计多种多样的游戏来诱导幼儿，使幼儿感到识字能获得欢乐，在不知不觉中识字。游戏“淘宝大比拼”就是基于这一目的设计的。

案例二

游戏名称

淘宝大比拼

游戏目标

1. 将学过的汉字归类（水果、动物、电器、颜色、蔬菜、文具）。

2. 能有兴趣地、快速准确地找出汉字。

游戏准备

1. 废纸箱 6 个，分别贴有汉字：水果、动物、电器、颜色、蔬菜、文具，里面分别装有相应字卡。

2. 数字卡 1 ～ 5。

3. 幼儿对分类箱里的汉字有一定的认知基础。

游戏玩法

1. 教师将幼儿分为 5 组，向幼儿介绍面前的 6 个字卡分类箱，然后面对箱子而坐。

2. 幼儿一起问：“老师、老师找什么？”教师说出分类箱中任意一张字卡，如：“请你们帮我找‘老虎’字宝宝。”

3. 每组第一个幼儿听到教师的指令后行动，要分辨教师的指令，想想字卡在哪一个箱子里，如“老虎”属于“动物”类，马上找到“动物”类的箱子，掏出字卡“老虎”，放在数字卡 1 的下面，表示第一名；第二个找到字卡的幼儿就将字卡“老虎”放在数字卡2的下面，表示第二名。后面的以此类推至5个组都玩过一遍。

游戏规则

游戏时，没轮到的幼儿不能提醒正在玩的幼儿。

游戏评价

幼儿记忆汉字的关键是经常巩固和复习，而复习的过程往往是枯燥、乏味、机械的，将游戏融入其中，就会使识字变得更加生动有趣，提高幼儿学习的积极性和主动性。而且，幼儿在识字的同时进行了事物的分类，一举两得。

3. 正确运用词汇的游戏

词汇量是语言发展的基础，是思维运用的“材料”，词汇游戏是以丰富词汇和正确运用词汇为目的的游戏。词汇游戏不仅可以教给幼儿一些新词，还可以帮助他们进一步理解已学过词汇的意义，学会正确使用词汇，从而使消极词汇变成积极词汇。“击鼓传花送礼物”可以帮助幼儿在游戏中正确运用词汇。

案例三

游戏名称

击鼓传花送礼物

游戏目标

1. 学习正确使用量词：块、条、本、辆、双等。
2. 积极参加游戏，能在集体面前大胆发言。
3. 遵守游戏规则，按规则进行语言交往。

游戏准备

1. 洋娃娃一个，布置娃娃家一个。
2. 送给娃娃的礼物：糖果、头巾、书、汽车玩具、鞋袜、衣物等。
3. 击鼓传花用的花一朵。
4. 各种卡片，卡片上分别有三样东西：桥、飞机、门或书、糖果、叶子等。

游戏玩法

1. 创设娃娃过生日的场景，引导幼儿说出：“娃娃过生日，我送你×××（如一本书），祝你生日快乐”的句式。引出量词：双、辆、条、块等。

2. 教师当擂鼓手，幼儿一个一个往下传花，速度要快，不能抛很远。鼓声一停，请花在手上的幼儿上来拿卡片说给大家听卡片上的内容，让大家听他说的对不对。教师注意指导幼儿正确使用量词，并帮助幼儿掌握一些较难的量词，如一扇门、一张桌、一架飞机、一台电脑等。幼儿说对了，就把卡片送给娃娃。

3. 指导幼儿不用卡片，结合生活经验来玩游戏。当花传到一个人手中时，幼儿讲述自己送的礼物。对运用较好的词，教师指导幼儿集体学说。例如：我送给娃娃一块生日蛋糕，我送给娃娃一架小钢琴，等等。

游戏规则

1. 大家围成一个圈，听鼓声一个一个传花，不能有间隔。

2. 鼓声一停，传花立刻停止，花在谁手上，谁上来拿卡片。

3. 拿到卡片的幼儿要大声说出卡片上的内容，如：我拿到的卡片上有一辆汽车、一座桥、一扇门。

4. 说对了的幼儿可以把卡片送给娃娃，并当擂鼓手。说错的幼儿可再拿一次卡片，说对了，坐回原位；若再说错，则停玩一次，并且在下一个人说完后，重复一次才能回原位。

游戏评价

采用击鼓传花的方式进行语言游戏，幼儿能较快地掌握游戏规则，按照要求说出一句话。活动中通过鼓声开始和停止传花，使幼儿集中注意力，能认真倾听，效果较好。

4. 学习句子的游戏

句子游戏是以训练幼儿按语法规则组词成句，并正确运用各种句式为目的的游戏。教师在选择句子游戏时，应了解幼儿当前的句子发展水平，是处于双词句、简单句还是复杂句阶段，游戏难度不宜过高或过低，以便让幼儿在游戏中体验到成功和快乐。学习句子的游戏如“找联系”。

案例四

游戏名称

找联系

游戏目标

1. 初步感知事物之间的联系。

2. 学说句型“×× 和 ×× 有联系，因为……”。

3. 具有热爱周围事物的情感。

游戏准备

图片、字卡。

游戏玩法

1. 初次尝试，学说句型

教师逐一出示图片：“大家找一找，把两个有联系的事物给找出来，并说说为什么？”教师引导幼儿说出“×× 和 ×× 有联系，因为……”这样的句型，如：“蜜蜂和花朵有联系，因为蜜蜂能在花朵上采蜜。”

2. 寻找身边事物之间的联系，巩固句型

请幼儿寻找身边有联系的事物，用句型“×× 和 ×× 有联系，因为……”完整讲述短句。如：“电风扇和电有联系，因为有了电，电风扇才能转动。”

3. 深入尝试，感知事物之间的联系

幼儿认读字卡，说说字卡上面的字与什么事物有联系，如：“汽车和路有联系，因为汽车是在路上开的。”

4. 通过事物之间的链接关系，激发幼儿热爱周围事物的情感

（1）利用提问启发幼儿大胆讲述。教师：“我们现在通过接龙的方式，来给周围的事物找联系，看看谁会动脑筋想得最多。”如：花——水——大海。水可以用来浇花，很多的水在一起就变成了大海。（多说几条生物链）

（2）出示事物联系图：人——饭——稻谷——害虫——青蛙——人。倒叙：人吃青蛙——青蛙变少了——虫子多了——稻谷死了——米少了——人瘦了。让幼儿初步了解事物之间的链接关系，激发幼儿热爱周围事物的情感。

（3）教师小结：“我们生活在地球上，周围的事物与我们都是有联系的，它们是我们的朋友，谁也离不开谁。小朋友们要多多观察它们、爱护它们，热爱我们的地球。”

游戏规则

能准确找出两个有联系的事物，如找错了，或没正确说出事物的关系可由其他幼儿帮助正确地说出来。

游戏评价

对于这个活动，幼儿的参与兴趣很高。教师利用图片和字卡，通过让幼儿自己去寻找身边有联系的事物，使得他们对周围事物的联系有了初步的认知。整个活动气氛也比较活跃，幼儿每个人都能主动地、大胆地去说，有想说的欲望，有说的氛围。在不同环节中，也体现了师幼互动、生生互动的关系。

5. 练习描述的游戏

描述性游戏是训练幼儿用较连贯的语言，具体形象地描述事物的特征，提高口语表达能力的游戏。这类游戏一般在幼儿具有了一定的语音、词汇、句子的基础上进行，要求幼儿的语言完整、连贯，有一定的描述能力，是一种比较综合、高级的语言训练游戏，应在中大班进行。“我摸到的是……”就是比较典型的描述性游戏。

案例五

游戏名称

我摸到的是……

游戏目标

通过描述物品的特征，发展幼儿的观察力、记忆力和连贯语言表达力，培养幼儿良好的倾听习惯。

游戏准备

手感、质地、形状不同的各种物品：磁铁、石头、玻璃球、皮球、易拉罐、塑料盒、铃鼓、毛绒熊、塑料小鸡等。

游戏玩法

1. 教师将物品放入篮中，用布盖好。教师示范，手伸入篮中摸一样物品，说出物品特征，如：“我摸到的东西圆溜溜，小小的，很光滑，摸上去凉凉的。”然后请幼儿猜一猜摸到的是什么东西。

2. 请幼儿来摸物品，按教师的示范描述摸到的物品，请其他幼儿猜。

游戏规则

1. 幼儿必须说清楚所摸到的物品特征，其他幼儿猜出结果后方可拿出物品检验。

2. 如果幼儿描述有误，或猜的幼儿猜错了，可请其他幼儿帮助改正，并说出为什么错了。

3. 要让每个幼儿都有机会描述。

4. 可随时增加周围可取到的玩具或物品。

游戏评价

此活动具有神秘感，能激发幼儿的活动兴趣，幼儿很愿意参加这种活动，有利于发展幼儿的判断力和想象力，其语言表达能力也同时得到提高。

第二节　幼儿语言游戏活动的设计方法与步骤

引导案例

活动名称

水可以用来……（中班）

活动目标

1. 能用“水可以用来……”的句式，说出水的各种用途。

2. 能积极参与游戏，动脑筋说出与他人不同的水的用途。

3. 知道水的重要性，懂得节约用水。

活动准备

有关水用途的小卡片。

活动过程

1. 谈话导入

导入语：“小朋友们，你们口渴了怎么办？水可以喝，还能干什么呢？”教师鼓励幼儿联系生活实践大胆想象，踊跃发言。

2. 教师讲解示范，交代游戏规则与玩法

（1）教师出示背面的卡片，然后任意翻一张，根据内容用“水可以用来……”的句式说出水的用途。然后把卡片给全体幼儿看，大家检查是否说对了。例如："水可以用来浇花。"

（2）教师强调游戏的规则和要求：选择卡片时不能翻过来挑选；所说的句子要符合卡片上的内容，并用完整句式"水可以用来……"回答；注意听别人的发言，及时应答，帮助小朋友检查说得是否准确；有与之不同的表达方法，可举手回答。

3. 教师带领幼儿游戏

（1）请个别幼儿上来翻卡片，并用"水可以用来……"的句式回答，其他幼儿帮助其检查正确与否。

（2）提问其余幼儿，卡片上的内容还可以怎样表达，表扬语言流畅及表达有创意的幼儿。

4. 幼儿自主游戏

（1）把幼儿分成几组，每组若干张卡片，幼儿以组为单位自由游戏，教师参与其中，及时给予帮助和引导。

（2）鼓励幼儿说说卡片以外的水的用途，注意用到"水可以用来……"的句式。

5. 总结评议

教师进行幼儿表现评议和知识小结："水在我们生活中十分重要，离开水，人们就不能生存。我们小朋友要注意节约用水，保护我们的水环境。"

活动评价

这是一个幼儿句式练习游戏，整个游戏围绕句式"水可以用来……"进行。幼儿通过认真观察图片，积极思考，在游戏的同时练习了语言表达，也让幼儿知道了水的重要性，懂得节约用水的道理。

语言游戏形式多样，应用广泛，它不仅可以作为一个环节出现在语言教育活动中，还可以在幼儿学会游戏后，延伸到区域活动中。如果把它当成一个新授的、完整的内容，还可以设计成一次教育活动来组织。下面结合中班语言游戏"水可以用来……"讲解幼儿语言游戏活动的设计方法与步骤。

一、创设宽松、愉快的游戏情境

在语言游戏刚开始时，教师需要使用物品、动作或语言来创设游戏的情境，营造游戏气氛，吸引幼儿的注意力，使他们产生好奇心，愿意进一步关注游戏的玩法，为开展语言游戏做好充分的预热。在语言游戏“水可以用来……”中，教师使用谈话的方式创设游戏情境：“小朋友们，你们口渴了怎么办？水可以喝，还能干什么呢？”教师鼓励幼儿联系生活实践大胆想象，踊跃发言。

二、用简明的语言介绍游戏规则

介绍游戏规则时一般采用讲解和示范相结合的方法。教师应语速适中，语言简洁明了，切忌啰唆，并要讲清楚游戏的规则要点和游戏开展的顺序。只有掌握了游戏的规则和玩法，游戏才能顺利进行，教育目的才能实现。

在语言游戏“水可以用来……”中，教师首先亲自示范游戏玩法，任意选择一张卡片，根据内容用“水可以用来……”的句式说出水的用途后，让幼儿检查对错。然后教师强调游戏的规则和要求：选择卡片时不能翻过来挑选；所说的句子要符合卡片上的内容，并用完整句式“水可以用来……”回答；注意听别人的发言，及时应答，帮助小朋友检查说得是否准确；有与之不同的表达方法，可举手回答。

三、教师带领幼儿游戏

小班游戏时，教师可扮演游戏中主要的角色，首先带领能力较强的幼儿游戏，给其他幼儿起示范作用，并进一步熟悉游戏规则；中、大班游戏时，教师介绍完游戏规则后，可直接请能力较强的幼儿来做示范，然后再过渡到全体幼儿。

在语言游戏“水可以用来……”中，教师在讲清玩法和规则后，请个别幼儿上来翻卡片，说出图意，并引导其他幼儿思考“卡片上的内容还可以怎样表达”，扩展幼儿思路。

四、幼儿自主游戏

教师做示范后，可鼓励幼儿自主游戏，教师进行间接指导。

在语言游戏“水可以用来……”中，教师此时把幼儿分成若干小组，幼儿以小组为单位自由活动，教师参与并指导。

幼儿自主游戏时，教师应做到：第一，观察幼儿对游戏规则的掌握情况，随时发现问题，提供适时帮助。第二，及时解决游戏中可能出现的矛盾和纠纷，以免因角色分配不当或其他原因影响游戏顺利进行。第三，关注每个幼儿，针对幼儿的实际水平，因材施教，使每个幼儿都能进步和发展。

五、游戏结束，组织评议，提升游戏水平

评议工作可以使游戏更好地发挥教育作用，提高幼儿的分辨能力，促使幼儿更加主动、积极地参加活动，促进幼儿语言能力的发展，圆满地完成语言游戏的教育任务。评议要有目的、有重点，时间不宜过长，可由教师点评或幼儿自评。

在语言游戏“水可以用来……”中，教师简单地对幼儿表现做逐一点评，激励每个幼儿更好地表现。同时对这节课所学知识进行小结，即“能用‘水可以用来……’的句式，说出水的各种用途”，起到了总结和提升的作用。

第三节　幼儿语言游戏活动设计与指导参考案例

一、小班语言游戏活动设计与指导

案例一

活动名称

捉迷藏（小班）

活动目标

1. 学习正确运用方位词“里外、上下”。
2. 能大胆地讲述，提高口语表达能力。
3. 体验游戏所带来的愉快情感。

活动准备

1. 创设情境：兔妈妈家（房子、树、小桥、草地）。
2. 各种小动物玩具，请配班教师扮演兔妈妈。
3. 音乐。

活动过程

1. 去兔妈妈家做客，激发幼儿的活动兴趣

教师：“今天兔妈妈家请客，很多小动物都去了，你们想去吗？”

2. 带领幼儿参观兔妈妈家

（1）向兔妈妈问好。

（2）教师：“兔妈妈家真美呀，我们一起参观一下吧。”在音乐伴随下，师幼共同认识各种场景。

3. 学习运用方位词

教师：“小动物们已经到了，有谁呢？他们在哪儿？”引导幼儿正确运用方位词，如：“小狗在椅子下面。”

4. 教师指导幼儿游戏：捉迷藏

（1）小动物藏，幼儿找。（教师将玩具藏在各个角落）找到后请幼儿说说：“你在什么地方找到了谁。”

（2）幼儿藏，教师和兔妈妈找。

兔妈妈：“我一个也没有找到，你们能告诉我刚才你们藏在哪儿了吗？”幼儿介绍：“我藏在了……”

5. 幼儿自主游戏

（1）请一半幼儿藏，另一半幼儿找。幼儿介绍：“我在 ×× 地方找到了谁。”或“我藏在了 ×× 地方。”

（2）交换游戏。

6. 游戏结束

和兔妈妈说再见。

7. 活动延伸

到室外玩捉迷藏。

活动评价

这个语言游戏的目标是让幼儿学习正确使用方位词“里外、上下”，同时锻炼语言表达能力。游戏难度不大，适合小班幼儿。活动情境的创设吸引了幼儿的注意，激发了幼儿游戏的兴趣。教师以平等的身份参与游戏，由开始藏小动物让幼儿找，找到后说出小动物的位置，过渡到部分幼儿藏，其他幼儿找，并说出位置，使游戏玩得逐步深入，让每个幼儿都有锻炼的机会，体验到了游戏的乐趣。

案例二

活动名称

小司机（小班）

活动目标

1. 能正确使用人称代词“你、我”。

2. 理解并遵守简单的游戏规则。

3. 具有与同伴合作游戏的习惯。

活动准备

玩具方向盘 8 ~ 10 个。

活动过程

1. 设置游戏情境

教师通过提问来引导幼儿，并让幼儿学做小司机。

教师：“老师来考考你们，小汽车在开的时候发出什么声音啊？开汽车的那个人我们叫他什么？（司机）那我们也来做小司机开一开汽车好不好？”

2. 介绍游戏规则

幼儿观看两个老师的情境表演，倾听对话及理解角色。

教师：“老师演得都是谁啊？（司机和乘客）他们说了什么话？”“让我们来学一学司机和乘客说的话吧。”

3. 教师引导游戏

教师扮演司机与幼儿游戏。如果发现能力强的幼儿可代替教师游戏。

请幼儿扮演司机和乘客进行表演。

4. 幼儿自主游戏

教师："还有很多的小司机也要来做开汽车的游戏呢！请能干的小司机也来开一开小汽车。"

教师从主导地位隐退，但不是完全放任幼儿游戏，有些幼儿还不能很好地理解游戏的规则，需要教师从旁协助指导。

5. 活动结束

教师："小司机下班了，回小椅子上休息了。"

活动评价

小班幼儿对于汽车玩具很感兴趣，让幼儿通过扮演"司机"和"乘客"的游戏活动，进行语言训练，提高了幼儿听说的主动性，具有良好的教学效果。

案例三

活动名称

可爱的小动物（小班）

活动目标

1. 能正确说出小动物的名称，准确发出"咕、汪、喵、嘎、叽、蹦"等语音，并能协调地模仿小动物动作。

2. 能积极参与集体游戏，并能做到在集体面前说话声音响亮。

3. 能够倾听教师指导，理解游戏要求和规则。

活动准备

1. 背景图（画有草地、蓝天、白云）。

2. 教具：小鸡、小鸭、小花猫、小黄狗、小白兔、小鸽子。

3. 小鸡、小鸭等小动物的头饰，数量与幼儿人数相等。

活动过程

1. 导入活动

出示背景图，教师："今天，有很多小动物要到我们班做客，看看谁来了？"

2. 教师出示小动物教具

（1）小鸽子：它是怎样来到我们班的？（飞来的）怎样飞呢？（请个别幼儿表演）小

鸽子的本领可大了，能飞到很远很远的地方去送信，还能飞回来，不会迷失方向，小鸽子怎样叫？（咕咕咕）

（2）小鸭：它身上的毛是什么颜色？它的嘴巴是什么样子的？（扁扁的）它有什么本领？（游泳）它喜欢吃水里的什么？（小鱼和小虾）小鸭怎样叫？（嘎嘎嘎）

（3）小鸡：小鸡的嘴巴和小鸭的嘴巴长得不一样，小鸭的嘴巴扁扁的，小鸡的嘴巴是什么样子的？（尖尖的）它喜欢吃什么？（虫和米）小鸡怎样叫？（叽叽叽）

（4）小花猫：它有什么本领？（捉老鼠）它是怎样叫的？（喵喵喵）

（5）小黄狗：它喜欢吃什么？（肉骨头）它会怎样叫？（汪汪汪）

（6）小白兔：它的耳朵是什么样的？（长长的）它的眼睛是什么颜色的？（红红的）它是怎样走路的？（蹦蹦跳）

这么多小动物到我们班来做客，我们小朋友非常高兴、特别开心吧。

3. 幼儿学习儿歌《可爱的小动物》

（1）教师朗读儿歌，并配合动作，让幼儿仔细听和看。

（2）幼儿学习儿歌，并认读“咕、汪、喵、嘎、叽”等字。

（3）幼儿边念儿歌边做动作。

4. 进行动物游戏

（1）教师说出小动物的名字，幼儿模仿小动物的叫声并做动作。待幼儿熟悉玩法后，适当加速，要求幼儿一定要等教师说完后才能说和做。

（2）引导幼儿游戏，请个别幼儿上台扮演“小老师”说小动物的名字，其他幼儿模仿小动物的叫声。要求“小老师”说话声音要响亮，吐字要清晰。

（3）改变游戏玩法，教师模仿小动物的叫声，幼儿说出小动物的名字并做动作。

活动评价

本活动运用游戏方法，让幼儿在玩中学、学中玩，幼儿学得既轻松又投入，具有良好的学习效果。

二、中班语言游戏活动设计与指导

案例一

活动名称

好吃的水果（中班）

活动目标

1. 在游戏中认识词语“苹果、葡萄、菠萝、橘子、草莓、香蕉”，并能大胆进行表达。

2. 对识字游戏感兴趣，能够积极参与识字活动。

活动准备

1. 词卡（每人一份）。

2. 小篮子（每人一个）。

活动过程

1. 复习词语

（1）教师：“今天老师又请来了我们的老朋友，请大家说一说它们的名字。”

（2）教师出示词卡，请幼儿说出词卡上的词语。

（3）请幼儿逐一说出词卡上的词语。

（4）鼓励个别幼儿大胆进行交流。

2. 学习新词语

（1）游戏引出词语。教师：“我们现在来猜谜语好不好？看看谁说得又快又对！”

（2）幼儿说出一个词语，教师拿出相对应的词卡，并逐一反复认识。

（3）游戏“捉迷藏”。幼儿蒙上眼睛，教师拿走任意一张词卡，然后幼儿睁眼看一看哪张词卡不见了。

（4）请个别幼儿做小主持人，组织游戏活动。

（5）请幼儿说一说，什么水果是自己最喜欢吃的，并把相对应的词卡找出来。

（6）请幼儿再说说自己不喜欢吃什么水果，并把相对应的词卡找出来。

（7）游戏“小蜜蜂”。教师与幼儿一起念儿歌：“小蜜蜂，飞飞飞，飞到东，飞到西，飞到某字摸一摸。”幼儿一边念儿歌一边做小蜜蜂的样子，听到教师指定的词，幼儿来到相对应的词卡前摸一摸。

（8）两人合作自主游戏，一个幼儿说词，另一个幼儿做小蜜蜂的样子来到相对应的词卡前摸一摸。

3. 情境游戏“开水果店”

（1）一个幼儿扮演售货员卖水果（词卡），其余幼儿扮演顾客。顾客说出水果名称，售货员把相对应的水果（词卡）给顾客。

（2）鼓励同伴之间做游戏，互相帮助，一起认识更多的词语。

（3）对能力弱的幼儿，加强引导与鼓励，在其大胆说出认识的词语时及时加以表扬、鼓励。

4. 活动延伸

鼓励幼儿回家和父母一起玩“小蜜蜂”和“开水果店”的游戏。

活动评价

本次活动将识字融入游戏之中，游戏贯穿活动始终，令人印象深刻。相比传统的识字教学，该活动减轻了幼儿的识字负担，克服了学习过程的枯燥乏味，提高了幼儿参与兴趣和积极性，有利于幼儿学习效果的提升。

案例二

活动名称

猜莲子（中班）

活动目标

1. 能使用比较连贯的语句来描述同伴的发式、衣着等外部特征。

2. 能倾听同伴的发言，并根据言语描述迅速做出正确的判断。

3. 遵守游戏规则，愉快地进行游戏。

活动准备

莲蓬一只。

活动过程

1. 游戏导入

教师和幼儿围坐成半圆形，教师出示莲蓬剥出莲子提问：“这是什么呢？（莲子）”教师：“我们要在池塘里种上莲子，明年才能结出莲蓬。今天，请小朋友扮演池塘里的泥，老师把这颗莲子种到泥里，大家一起玩一个种莲子的游戏。”

2. 交代游戏规则及玩法

（1）请一个幼儿当“种莲子的人”；其他幼儿扮演“泥”，并且必须将眼睛闭起来，不能偷看，等儿歌念完后才能睁开眼睛。

（2）大家一起说儿歌《种莲子》，“种莲子的人”会在儿歌结束前将莲子放在一个扮演“泥”的幼儿手里，然后用简短的语言描述这个幼儿的外貌特征，请大家来猜。

（3）被猜出的幼儿必须重复说出自己的外貌特征。

3. 教师引导幼儿游戏

（1）幼儿围坐成半圆形，眼睛闭上，手放在背后，手掌向上，扮演“泥”。大家开始念儿歌《种莲子》，教师扮演“种莲子的人”，边说儿歌边从每个幼儿身后走过，并把莲子悄悄放入一个幼儿手中。然后教师走到中央，描述这个幼儿的特征，如“我把莲子种在一个短头发的女孩儿手里，她穿着黄衣服、蓝裤子和黑皮鞋”，请幼儿来猜。猜对了，有莲子的幼儿就要到前面来说“我就是穿黄衣服、蓝裤子和黑皮鞋的短头发小女孩儿”，然后游戏继续。

（2）在大家一起念儿歌《种莲子》的时候，教师要注意纠正个别不准确的发音，鼓励幼儿声音洪亮地念儿歌，提醒幼儿种莲子和拿到莲子以后都要注意保密，为幼儿自主游戏做好铺垫。

4. 幼儿自主游戏

（1）请第一个猜对的幼儿来种莲子，幼儿开始进行自主游戏。

（2）教师放手让幼儿愉快地游戏，在必要时指导幼儿。比如，如果其他幼儿猜不出来，可以鼓励种莲子的幼儿再重新描述一遍，使游戏顺利进行。

5. 活动结束

教师进行课堂小结，并请幼儿品尝莲子。

活动评价

此游戏有一定情节和角色，是幼儿非常喜欢的一种游戏形式，通过游戏锻炼了幼儿的观察能力和口头表达能力。教师从带领幼儿逐步熟悉游戏规则，到引导幼儿独立游戏，在整个活动中起到了主导的作用，确保了游戏的顺利进行。

附：儿歌《种莲子》

种莲子，种莲子，
不知莲子种哪家。
东一家，西一家，
到了明年就开花。

案例三

活动名称

十二生肖的排序（中班）

活动目标

1. 学习儿歌《十二生肖》，初步掌握十二生肖的排列顺序。

2. 知道自己及家人的属相，了解十二生肖的有关传说。

3. 能认真倾听故事，并大胆表述。

活动准备

十二生肖图片，十二生肖头饰（24 人以内一套，24 人以上两套）。

活动过程

1. 谈话导入

教师："小朋友们知道自己的属相是什么吗？"

"为什么大家的属相有不同呢？"（因为大家出生的年份不完全相同，所以属相也不完全相同）

"有哪位小朋友知道今年是什么年？现在老师要考考大家，请问今年出生的宝宝属什么？"

"除了这些属相（已经说过的），小朋友们还知道其他的属相吗？"

"下面老师给大家讲个故事，大家认真听，看看我们的属相都有哪些动物，一共有几种？"

2. 讲述十二生肖故事

教师在讲故事的过程中向幼儿展示十二生肖的图片，并加入十二生肖的儿歌及动作，使幼儿能够形象地记忆十二生肖的排列顺序。

3. 根据十二生肖图片学习儿歌《十二生肖》

教师："请小朋友们起立和老师一起学一学十二生肖的儿歌。"（鼓励幼儿学习肢体动作，增强记忆）

4. 游戏活动

教师：接下来我们玩一个小游戏，游戏的名字叫“十二生肖排排站”。（24人以下一组一组做，使幼儿亲身感受十二生肖的排列顺序，24人以上实行两组比赛的形式，使幼儿在感受排列顺序的同时培养其竞争意识）

5. 课后延伸

教师：“小朋友们回家问一问爸爸妈妈、爷爷奶奶或者其他人的属相，明天来幼儿园和老师及其他小朋友一起分享。”（为下节课做十二生肖的循环做准备）

附：儿歌《十二生肖》

一是老鼠吱吱叫，二是牛儿尾巴摇，三是老虎威风到，四是白兔蹦蹦跳，五是飞龙像座桥，六是蛇儿圈圈绕，七是马儿最会跑，八是羊儿吃青草，九是猴爬树上笑，十是公鸡起得早，十一是小狗看门好，十二是小猪凑热闹。

活动评价

十二生肖这个课题，对幼儿来说是非常有趣的，既贴近幼儿的生活，也具有可接受性，还能够在活动的过程中让幼儿了解中华民族丰富的文化传统。

三、大班语言游戏活动设计与指导

案例一

活动名称

金锁银锁（大班）

活动目标

1. 学会用简单的词语形容和描述一件事物，用“××，××，×××”的句式来描述看到的物品。

2. 仔细倾听同伴的讲话，能迅速、准确地对话。

3. 遵守游戏规则，愉快地进行游戏活动。

活动准备

两把钥匙，一把贴有苹果形状的锁，一个玩具娃娃。

活动过程

1. 教师示范操作表演

（1）教师先出示一把苹果锁和两把钥匙，接着边操作教具边念儿歌：

金锁锁，银锁锁，

两把钥匙一把锁，

咔嚓咔嚓把它锁，

小朋友快点来开锁。

（2）教师出示玩具娃娃，并以娃娃的口吻问："这是什么锁？"答："这是苹果锁。"玩具娃娃又说："苹果，苹果，红彤彤。"咔嚓一声将锁打开，接着再插入另一把钥匙说："苹果，苹果，香又甜。"咔嚓又打开了苹果锁。

（3）教师带领幼儿念儿歌 2 ~ 3 遍，从而使幼儿对整个游戏活动有了一个初步、完整的印象。

2. 教师讲解游戏规则

教师采用口头讲述的方式，向幼儿交代游戏规则。

（1）念完儿歌后，开锁人才能问："这是什么锁？"扮锁的幼儿必须想出一个锁名来，告诉他："这是 ×× 锁。"

（2）开锁的两个幼儿分别扮成两把钥匙，这两个幼儿必须用"××，××，×××"的句式来描述 ×× 锁。前面重复说名词两次，后面用三个字描述一下这种事物的特点，如"苹果，苹果，香又甜"。

（3）开锁人描述得准确就能打开锁，并交换角色，否则不能交换角色。

由于游戏规则中包含了活动目标，因此，教师需要用言简意赅的语言向幼儿解释规则，同时还需要边讲解边示范。

3. 教师扮演角色，引导幼儿游戏

教师先扮演开锁人的角色，幼儿扮演锁的角色，然后交换角色。通过教师参与角色的形式，可帮助幼儿学习掌握游戏中的对话及描述部分，为幼儿独立开展游戏活动积累经验。

在对话过程中，鼓励幼儿讲出各种不同的锁，学习用各种不同的、简单的词语进行准确描述。

教师需要以主角的身份带幼儿玩几次，并不断变换锁的名称，如"小猫锁——喵喵叫""月亮锁——像小船"。

4. 幼儿自主游戏

幼儿手拉手围成一圈扮锁，请两个幼儿当开锁的人，一个站在圈内，一个站在圈外。

游戏开始时，大家边念儿歌边前后摆动拉着的手，两个开锁人同时随着儿歌的节奏依次在各拉手处做开锁动作。儿歌念完后，开锁人停在某处便可对旁边两人问："这是什么锁？"拉手人回答："这是 ×× 锁。"然后，开锁人说："××，××，×××。"讲对了，开锁人就能轻轻把两人的手切开，然后交换角色，游戏重新开始。若开锁人讲得不正确，扮锁的幼儿将锁握紧，开锁人就切（打）不开锁，游戏继续进行。

5. 游戏结束

教师对游戏过程中幼儿的表现进行指导与评价。

活动评价

在这个活动开始时，教师采用示范操作玩具娃娃的形式为幼儿创设一个良好的游戏情境，这是激发幼儿参与兴趣、集中幼儿注意力的一种很好的策略。这个活动要求幼儿能够快速调动已有经验，同时使用合适的词和"××，××，×××"的句式来描述听到的物品，有一定的难度，对大班幼儿来说是适合的。

案例二

活动名称

用身体写象形文字（大班）

活动目标

1. 能根据象形文字的形态，大胆尝试用自己的肢体动作表现象形文字。

2. 积极与同伴合作，共同参与游戏，体验用身体表现象形文字的乐趣。

活动准备

《仓颉造字》动画视频，象形文字图片（奔、望、举、闻、划、臀、推、育、射、斗、垒、盗、重、合、命)。

活动过程

1. 引出象形文字，激发幼儿参与兴趣

(1)教师播放《仓颉造字》动画视频，提问："故事中的仓颉创造了一些符号，这些符号被叫作什么字？这些文字有什么用处呢？"

(2)教师小结幼儿的回答，提出建议："接下来让我们一起来玩'用身体写象形文字'的游戏吧！"

2. 引导幼儿观察图片，并用自己的身体动作表现象形文字的形态

(1)教师依次出示象形文字图片(奔、望、举、闻、划、臀)，引导幼儿观察图片，尝试用身体动作表现象形文字的形态。提出要求："请小朋友们仔细看图片，试一试用自己的身体动作去表现象形文字。"

(2)请其他幼儿指出亮点和不足。

(3)再次请幼儿尝试用身体动作表现象形文字的形态。

(4)教师："请大家投票给你认为最棒的小朋友，得票最高的小朋友获得象形文字卡牌一张。"

3. 引导幼儿观察图片，并和一位伙伴共同协商表现象形文字的形态

(1)教师依次出示象形文字图片(推、育、射、斗、垒、盗、重、合、命)，引导幼儿观察图片，尝试和一位或几位小伙伴共同协商用身体动作表现象形文字的形态。提出要求："请小朋友们仔细看图片，试试与小伙伴一起合作，用你们的身体动作去表现这些象形文字。"

(2)请其他幼儿提出意见和建议。

(3)再次请另外一组幼儿尝试用身体动作表现象形文字。

(4)教师："请大家投票给你认为最棒的一组，得票最高的一组每人获得象形文字卡牌一张。"

4. 活动延伸

提供毛笔、笔筒、毛毡、宣纸、象形文字图片投放到语言角，供幼儿书写。

活动评价

本次游戏活动选用象形文字为载体。幼儿用身体动作表现象形文字，感受象形文字的独特形态。在整个活动过程中，幼儿热情高涨地参与到游戏中，并能与伙伴协商合作，共同完成挑战，在游戏中直观感受和了解中国象形文字的形态美。

案例三

活动名称

反义词（大班）

活动目标

1. 能积极思维，认真观察，寻找生活中的反义词。

2. 体验游戏快乐，敢于表达。

活动准备

乒乓球（1 个），玻璃球（1 个），小口袋，满水的鱼缸，书（2 本），海绵，木块，课件。

活动过程

1. 出示口袋，引起幼儿兴趣

教师："今天，老师带来了一个神秘的小口袋。小朋友们想不想知道里面是什么？"邀请一个幼儿摸一摸。提问："你摸到了什么？（乒乓球）再摸，还摸到了什么？（玻璃球）"

引导幼儿观察，比较乒乓球和玻璃球的大小，引导幼儿说出"乒乓球大、玻璃球小"。教师引出"反义词"的概念，像"大"和"小"这样一组意思相反的词，就叫反义词。

2. 引导幼儿说出反义词

（1）教师："在我们生活中还有很多这样的词。下面老师用乒乓球和玻璃球给小朋友变魔术。"教师出示鱼缸，鱼缸里装满了水。"现在老师把玻璃球放到水里，你们看到了什么？"

幼儿："玻璃球沉了下去。"

教师："小朋友们猜一猜，如果把乒乓球放到水里会怎么样呢？"

接着教师把乒乓球放入水中，幼儿观察到乒乓球浮在水面上了。

教师："通过这个小魔术，我们知道了'沉'和'浮'也是一对反义词。"

（2）在活动室找反义词。如：大门关着——窗户开着，桌子高——椅子低，黑板黑——墙面白，女孩子头发长——男孩子头发短。

3. 出示实物学习反义词

（1）教师出示两本厚薄不同的书，引导幼儿说出“厚、薄”一对反义词。再观察比较：厚的新，薄的旧，引出反义词“新、旧”。

（2）出示海绵和木块，请幼儿捏一捏，说出“软、硬”一对反义词。

（3）出示同样的两个瓶子，一个瓶子是空的，另一个瓶子盛满水，引导幼儿说出“空、满”一对反义词。再让幼儿掂一掂，说出“轻、重”一对反义词。

4. 出示课件学说反义词

（1）出示“一哭一笑的两个小娃娃”图片，引导幼儿说出“哭、笑”一对反义词，并做相应动作。

（2）出示“夏天”图片，引导幼儿说出“热”，并思考“热”的反义词“冷”，做出相应的动作。

（3）出示“小朋友在穿衣服”图片，引导幼儿说出它的反义词“脱”。

（4）出示“火车和汽车”图片，引导幼儿说出“长、短”“快、慢”两对反义词，并让幼儿用反义词说出短句，如“火车长，汽车短”等。

5. 通过游戏巩固复习反义词

（1）拍手游戏。

教师：“我说大。”

幼儿：“我说小，大和小是一对反义词。”

（2）相反的动作。

如：教师做一个“冷”的动作，幼儿做对应“热”的动作。

然后进行：长—短，高—矮，哭—笑，胖—瘦，厚—薄，大—小的相应活动。

（3）给反义词说短句。

如：“什么快？什么慢？”“胖胖的什么？瘦瘦的什么？”

6. 说儿歌《我真的很不错》结束活动

教师：“小朋友们表现特别棒，现在来表扬一下自己，说儿歌《我真的很不错》。”

我真的很不错，我真的很不错，我头脑也不错，我脸蛋也不错，我身材也不错，我上上下下、左左右右、前前后后、里里外外，真的很不错。

活动评价

活动通过“神秘口袋”游戏引发幼儿学习兴趣，从幼儿身边熟悉的事物入手，注重了材料的生活化、多样化、层次性，从实物到图片，由易到难，循序渐进，让幼儿通过感官体验来认识反义词，并设计游戏进行反义词的练习与强化，锻炼了幼儿的思维和口语表达能力。

思考·练习

1. 什么是语言游戏？幼儿语言游戏分为哪几种类型？
2. 结合幼儿语言游戏设计步骤，设计一个幼儿语言游戏活动方案。

第五章 幼儿文学作品活动设计与指导

学习目标

- 了解幼儿文学作品类型，能够科学、合理地选择适宜的活动内容
- 明确幼儿各类文学作品的教育目标及各年龄阶段的具体教育目标
- 能够独立地设计并组织开展幼儿文学作品活动

幼儿文学作品的类型和题材多种多样、特点各异，只有在掌握幼儿文学作品相关知识的前提下，才能对幼儿文学作品活动进行设计与指导。

第一节 幼儿文学作品活动概述

幼儿文学作品活动，是以幼儿文学作品为基础教育内容而设计组织的系列语言教育活动。这类活动从一个具体的文学作品教学入手，围绕着这个作品展开一系列相关的活动，帮助幼儿体会文学作品所展示的丰富而有趣的生活，体会语言艺术之美，学会模仿和创造性地运用语言，为幼儿提供全面的语言学习机会。

幼儿文学作品活动种类丰富，形式多样，在家庭和幼儿园的教育中应用最为广泛，不仅可以帮助幼儿学习语言技能，而且还可以丰富幼儿的生活经验，培养他们的想象力和创造力，对幼儿的身心发展具有重要意义。

一、幼儿文学作品常见的类型

文学作品是一个笼统的概念，它包含诸多不同类型的文学形式，常见的幼儿文学作品包括以下几类：

1. 童话故事与生活故事

故事是幼儿最喜爱的一种文学形式。它的种类很多，有童话故事、神话、历史故事、民间故事、成语故事、寓言故事、知识故事、生活故事和笑话等。幼儿文学作品中的故事内容偏重于写实，主要包括适合幼儿聆听、欣赏的童话故事和符合幼儿生活经验的生活故事。

（1）童话故事

童话故事是一种带有幻想色彩的虚构故事，通过夸张、象征、拟人等语言表现方式去塑造形象，表现生活，借幻想创造出并不存在于现实生活却又与生活有密切联系的情景。如《三只小猪》《小猴卖圈》《会动的房子》《小蝌蚪找妈妈》《掉进酒桶里的老鼠》等就是优秀的童话故事。

童话故事欣赏

三只小猪

在一个遥远的山村里，住着一位猪妈妈和她的三只可爱的小猪。猪妈妈每天很辛苦，小猪们一天天长大了，可还是什么事都不做。

一天晚上，吃过晚饭，猪妈妈把孩子们叫到面前郑重其事地说："你们已经长大了，应该独立生活了，等你们盖好自己的房子后就搬出去住吧。"

三只小猪谁也不想搬出去住，更不想自己动手盖房子，又不能不听妈妈的话。于是，他们开始琢磨要盖什么样的房子。

第一只小猪先动手了。他首先扛来许多稻草，选择了一片空地，在中间搭了一座简易的稻草屋，然后用草绳捆了捆。"哈哈！我有自己的房子了！"第一只小猪乐得欢蹦乱跳。

第二只小猪跑到山上砍下许多木头回来，锯成木板、木条，叮叮当当地敲个不停。不久，第二只小猪也盖好了自己的木房子。显然这比第一只小猪的要漂亮、结实得多。

第三只小猪回到家左思右想，终于决定建造一栋用石头砌成的房子，因为这种房子非常坚固，不怕风吹雨打，可这需要付出许多努力啊！第三只小猪每天起早贪黑，一趟一趟地搬回一块一块的石头，堆在一旁，再一块一块地砌成一面面墙。第一只小猪和第二只小猪在一旁取笑道："只有傻瓜才会这么做！"第三只小猪毫不理会，仍夜以继日地工作。这样整整过了三个月，第三只小猪的新房子也盖好了！他好高兴啊！

有一天来了一只大野狼。第一只小猪惊慌地躲进了他的稻草屋。野狼"嘿嘿"地冷笑了两声，狠狠吹了口气就把稻草屋吹倒了。第一只小猪只好撒腿就跑。

第一只小猪径直跑到第二只小猪家，边跑边喊："快开门！救命啊！"第二只小猪打开门一看，一只大野狼追了过来，赶紧让第一只小猪进了屋，关好门。

大野狼追到门前停了下来，心想："你们以为木头房子就能难住我吗？"他一下一下地向大门撞去。"哗啦"一声，木头房子被撞倒了。

兄弟俩又拼命逃到第三只小猪家，气喘吁吁地告诉第三只小猪前面所发生的一切。第三只小猪先关紧了门窗，然后胸有成竹地说："别怕！没问题了！"

大野狼站在大门前，他知道房子里有三只小猪，可不知怎么才能进去。他只能故技重施，对着房门呼呼吹气，结果无济于事。

大野狼有点儿急了，他又用力去撞。"当"的一声，大野狼只觉得两眼直冒金星，再看房子，纹丝不动。

大野狼气急败坏地返回来，他绕着房子转了一圈，发现了烟囱。"有办法了，从这里就可以进去了。"

"哎呀！不得了，该怎么办？"

第三只小猪不慌不忙，将装满水的大锅子放在壁炉里面，然后将火熊熊地燃烧起来。不知情的大野狼仍然由烟囱下来，掉落在锅子中，这时第三只小猪赶紧用盖子将锅子盖住，然后就呼噜呼噜地烧起火来了。

聪明的小猪们终于除掉了大野狼，过着快乐的日子。

（2）生活故事

生活故事是指取材于社会现实生活，以叙述事件为主反映幼儿熟悉或需要了解的生活内容，向幼儿讲述经过提炼概括或虚构的"真人真事"。

生活故事欣赏

流 浪 汉

"等会儿有好多客人来吃饭，淘淘，你不要太淘气，好不好？"爸爸说。

"不要乱跑……"妈妈说。

“要向大家问好……”爸爸妈妈一路叮嘱。

好不容易到了餐馆，爸爸要去点菜，妈妈要招呼客人，淘淘没事干，就独自坐在一张空桌子边玩。

“小朋友，我可以坐在这里吗？”一位老爷爷走了过来。

淘淘再仔细一看，真的是年纪很大的爷爷呢。

他提着一个大包，背一把吉他，衣服上打了好多补丁。

淘淘使劲地点点头。

服务员走过来，老爷爷点了几个菜，都是一些很普通的菜。

老爷爷对淘淘说：“我可以请你一起吃点东西吗？”

淘淘使劲地摇头，说：“妈妈不让我吃陌生人的东西。”

“噢，是这样啊！”老爷爷并不勉强，独自吃起来，吃得津津有味。

“嘭——”老爷爷打开一瓶汽水，倒了一大杯，又倒了一小杯：“我可以请你喝杯饮料吗？”

淘淘更加使劲地摇头，说：“妈妈不让我喝陌生人的饮料。”

“噢，是这样啊！”

老爷爷把小杯子里的饮料倒进自己的大杯子里，咕嘟咕嘟一口气喝完了：“嗯，那你就陪我说说话吧！”

淘淘把头摇得像拨浪鼓，说：“妈妈不让我跟陌生人说话。”

“噢，是这样啊！”老爷爷并没有责怪淘淘，还是乐呵呵地一边吃菜，一边喝饮料。

“不要紧，那你就陪我坐一会儿吧！”老爷爷说。

淘淘不知道该说什么好，他只是安安静静地坐着。

“你很可爱！”老爷爷说，“非常非常可爱！”

“你看起来也很聪明！”老爷爷一边吃一边说，“不过，有时候也很淘气，是不是？我孙子也跟你一样聪明、可爱……我已经好多年没有看到过他了，老实说，我非常喜欢我的孙子，我也很喜欢你……”老爷爷絮絮叨叨地说。

淘淘想起了好朋友米粒，米粒会不会是老爷爷的孙子呢？

老爷爷吃完饭，抹了抹嘴说：“谢谢你！大家都嫌我脏，嫌我老，嫌我烦，谁也不愿意坐在我旁边，也没人陪我说话……”

淘淘使劲地摇头，意思是：“老爷爷，我不会嫌你脏，嫌你老，嫌你烦。”

“再见！”老爷爷背起大包，扛起吉他，起身向大门口走去。

远远地，淘淘看到爸爸妈妈急急忙忙地朝自己跑来。

"淘淘，你没事吧？"爸爸着急地问。

"你怎么能跟流浪汉坐在一起呢！"妈妈说，"我不是告诉过你吗，不要吃陌生人的东西，不要喝陌生人的饮料，不要跟陌生人说话……"

淘淘挣脱爸爸妈妈的手，向餐馆门口跑去。

等淘淘追出门外时，老爷爷已经走远了。

"老爷爷，再见！"淘淘大声喊。

奇怪的是，淘淘好像听到远方传来了："淘淘，再见！"

2. 儿童诗歌

儿童诗歌在语言形式上分行分节，有明显的韵律，并采用一定的语言表现手法来抒发感情，是便于幼儿吟唱的诗歌体的文学作品。

儿童诗歌欣赏

阳　光

阳光，在床上爬着，
阳光，在花上笑着，
阳光，在溪上跳着，
阳光，在妈妈眼里闪着。

3. 幼儿散文

幼儿散文是用凝练、生动、优美的文学语言写成的，供幼儿学习叙事、记人、状物或写景的文学作品。

幼儿散文欣赏

云彩和风儿

天上的云彩，真有趣，

天上的风儿，真能干。

吹呀吹，云彩变成小白船，竖起桅杆，扬起风帆，小白船飘呀，飘到远处看不见。

吹呀吹，云彩变成大狮子，躬起身子，张开大口，狮子吼啊，吓得羊群都逃散。

吹呀吹，云彩变成胖娃娃，头戴金帽子，身穿白围嘴儿，跑来跑去，跟太阳公公闹着玩。

天上的云彩，真有趣。

天上的风儿，真能干。

上述各类常见的幼儿文学作品各具特色，教师在设计幼儿文学作品活动时，应注重分析每一类作品的特点，从每一个具体的文学作品出发，采用适宜的教育方式和方法来引导幼儿学习、理解和欣赏文学作品。

二、幼儿文学作品活动的目标

幼儿文学作品活动是从某一具体文学作品入手，为幼儿提供一个全面学习语言的机会，使幼儿在理解、感受作品的过程中，学习运用文学作品中提供的有质量的语言。文学活动着重培养幼儿欣赏文学作品的能力以及利用文学语言表达想象、表达生活经验的能力。其具体活动目标表现在以下三个方面：

1. 认知目标

（1）学会正确发音，扩展词汇量，了解各种句式的表达。

（2）理解作品内容，丰富与作品相关的社会知识。

（3）知道文学作品有童话、诗歌、散文等体裁，了解语言的丰富性和多样性。

2. 能力目标

（1）会说、说好普通话。

（2）学会倾听，提高语言的理解能力。

（3）鼓励幼儿创造性运用语言，提高幼儿灵活运用语言的能力。

3. 情感与态度目标

（1）对书面语言有浓厚的兴趣，积极参加文学活动，喜欢并愿意欣赏文学作品。

（2）感受文学作品中情感脉络和语言表达方式，发展幼儿的艺术想象力和审美能力。

知识卡

幼儿园文学作品活动各年龄阶段具体目标

一、小班目标

1. 喜欢欣赏文学作品，愿意参加文学活动，对文学作品语言感兴趣。

2. 能初步感受文学作品的语言美，知道故事、诗歌和散文是不同体裁的文学作品。

3. 学习理解文学作品的情节内容，能用语言、动作、表情等方式表达自己对文学作品的理解。

4. 在文学作品原有基础上扩充想象，仿编诗歌、散文中的一句或续编故事结尾。

二、中班目标

1. 喜欢不同形式的文学作品，主动积极地参加文学活动。

2. 知道文学作品语言与日常生活语言的不同，进一步感受文学作品的语言美。

3. 学习理解文学作品的人物形象，感受作品的情感基调，能运用较恰当的语言、动作、绘画形式表现自己的理解。

4. 能根据文学作品提供的线索，扩展想象，仿编或续编一个情节或一个画面。

三、大班目标

1. 愿意欣赏不同体裁、不同风格的文学作品，在文学活动中积累文学语言，并尝试在适当场合运用。

2. 在理解文学作品人物、情节或画面情景的基础上，学习理解作品的主题或感受作品的情感脉络。

3. 初步感知文学作品语言和结构的艺术表现特点，开始接触文学作品的艺术语言构成方式。

4. 依据文学作品提供的想象线索，联系个人已有经验扩展想象，并创造性地进行表述。

三、幼儿文学作品活动的特征

1. 围绕文学作品开展教学活动

幼儿先要学习文学作品，通过聆听、诵读、阅读图画、观看表演或观看动画等形式，让幼儿将书面语言信息转化为口头语言信息，然后通过系列活动，让幼儿完全理解和掌握文学作品所蕴含的丰富信息。

2. 整合相关的学习内容，开展一个主题网络式的系列活动

幼儿教师通过一个文学作品，开展系列活动，给幼儿提供各种层面的学习机会，促进幼儿全面发展。文学作品的主题网络式教学可按照四个层次进行，下面以《三只小猪》的活动为例进行阐述。

第一层次，利用直观教具和提问等形式学习文学作品。如故事《三只小猪》中，教师可以用提问的形式引导幼儿学习作品，如“大野狼共遇到了几只小猪?”“三只小猪分别盖了什么样的房子?”“他们是怎样战胜大野狼的?”“如果你是其中一只小猪，你能想到更好的办法战胜大野狼吗?”“如果小朋友自己在家时有陌生人敲门，你该怎么做?”等。

第二层次，通过表演、谈话、参观、散步等方式帮助幼儿体验作品。以《三只小猪》为例，在这个层次，教师可以让幼儿表演三只小猪一起战胜大野狼的场景；也可用谈话的形式，鼓励幼儿说一说发生在自己身上或自己周围，大家团结战胜困难的事例，从而培养幼儿团结合作的集体意识；还可以用参观的方式，带领幼儿参观故事中提到的草屋、木屋、砖屋及其他建筑材料建成的房屋，这样不仅可以帮助幼儿更好地理解作品，还可以从感性上丰富幼儿对房屋的认识。

第三层次，通过开展与作品主题相关的绘画、手工等动手动脑的活动，将作品经验迁移到幼儿的实际生活中，以检验和加深幼儿对作品的理解。以《三只小猪》为例，教师可以带领幼儿在参观完各种材料制成的房屋后，让幼儿搭一搭“美丽的小屋”，或画一画“我自己的美丽小屋”，有助于幼儿作品经验的迁移。

第四层次，文学作品本身是语言艺术的结晶体，幼儿文学作品教学活动，不仅要让幼儿感受艺术性建构语言的美，更要开展创编、续编、仿编、谈话等让幼儿尝试使用艺术性建构语言的活动，学以致用，达到对作品内涵深层次的理解。在《三只小猪》的教学活动中，可让幼儿进行故事仿编，创作自己的故事，也可以让幼儿谈谈“我搭建的美丽的小屋是什么样的”，还可以让幼儿创造性想象并讲述“我未来的美丽小屋”。在这个层次中，幼儿通过大胆想象和表达，热烈讨论和交流，不仅尝试了书面语言的表达方式，也充分开动了脑筋，锻炼了口语交际能力。

3. 与其他教学活动结合进行

幼儿文学作品活动应与其他方面的教育紧密结合，内容上可与社会、健康、艺术、科学四领域的教学活动整合；在日常生活中，与各生活环节有机结合；在游戏活动中，也同时进行相关语言教育的渗透。

知识卡

幼儿语言教育中的“整合”教育观念

整合就是把不同类型、不同性质的事物有机地组合在一起，使它们成为一个整体。

整合的语言教育观念是指把幼儿语言学习看成一个综合系统，充分意识到幼儿语言发展与其他智能、情感等方面发展是整合一体的关系。

发展幼儿语言能力，不能仅限于语言教育活动中，要树立整合教育观，把语言领域目标渗透到各个领域中，如日常生活中、人际交往中、游戏中、认知活动中、体育活动中等。要把语言教育融入一日生活的各个环节，在家庭中、社会中、幼儿园集体活动中，引导幼儿多听、多说、多看、多练，在运用与交往中发展幼儿的语言。

在教学中，表现为语言教育目标、语言教育内容和语言教育方式的整合。

1. 语言教育目标的整合

整合的语言教育目标是指既要促进幼儿的情感、能力和知识的发展，还要促进语言在相关的其他领域的发展。

2. 语言教育内容的整合

在选择语言教育内容时，应立足于幼儿的发展，考虑学习内容与幼儿发展之间的整体适应性，满足幼儿发展的多元化，实现社会知识、认知知识和语言知识的整合。

3. 语言教育方式的整合

幼儿的语言教育可以抓住有利时机，随时随地进行。以各种方式的活动来组织语言教育内容，实现专门的语言教育活动与其他活动的结合。

第二节　幼儿故事活动的设计方法与步骤

引导案例

空气变新鲜了

有一只小猴从森林来到了大城市。“哇，城市真美呀。”小猴高兴地大叫起来。他看见大城市马路上“嘀嘀嘀……”跑着各种各样的汽车，人们穿着各种漂亮的衣服来来往往，一座座高楼大厦真漂亮，商店里还摆满了各种各样的玩具。大城市真好！

小猴决定在大城市住下来。可是在城里住了一段时间，小猴觉得身体很不舒服。鼻子痒痒的，嗓子干干的，呼吸也很困难。于是，小猴去医院看病，“哇，看病的人这么多。”医生说：“你们都是得了空气污染过敏症，最好的办法是呼吸新鲜空气。”小猴灵机一动，“我回老家去。”回到森林老家，小猴就觉得森林里的空气甜甜的、香香的，真的和城市不一样。没过几天，小猴的病就好了。

小猴想：要是城里和自己生一样病的朋友们也能吸到新鲜空气，那该多好啊。对，我把空气带到城里去。于是小猴在城里开了一家空气供应站，病人一到这里呼吸新鲜空气，病就马上好了。于是，这些病人一起商量，要把我们大城市的空气也变得像森林里那么新鲜。他们一起动脑筋、想办法，在空地上种了许多绿草、红花、大树，还通过先进技术让城市的烟囱不再冒黑烟，让各种车辆排出的尾气不再污染空气。人们知道了不随便乱扔垃圾，要爱护环境，终于大城市的空气也变得甜甜的、香香的。

活动名称

空气变新鲜了（大班）

活动目标

1. 通过提问、讨论的方式来帮助幼儿理解故事内容。

2. 通过故事，让幼儿了解一些城市空气净化的简单知识，并初步激发幼儿保护环境的意识。

3. 鼓励幼儿大胆地用较清楚的语言表达自己的想法。

活动准备

1. 森林与城市的背景图，小猴图片。

2. 插入教具一套。

活动过程

1. 创设情景，引出故事

教师出示城市背景图和小猴图片，提问：“小猴从森林来到大城市，非常开心，小朋友们猜猜它为什么很开心？”以提问的方式引出故事，幼儿进行简单的猜测后，教师开始讲述故事。

2. 讲述故事，启发提问并讨论

（1）教师边生动讲述故事第一、二段，边出示森林、城市、小猴的图片，提出描述性问题，帮幼儿熟悉这两段故事的内容。

教师：“小猴从森林去了什么地方？”“小猴到了城市里怎么了？”“医生说治小猴的病，最好的药是什么？”

（2）教师继续讲述故事，至“……要把我们大城市的空气也变得像森林里那么新鲜”。在了解第一、二段内容的前提下，提出思考性问题，启发幼儿积极联想、想象，鼓励幼儿大胆地用较清楚的语言表达自己的想法。

提问：“小猴想了什么办法让城市里的那些人也吸到森林的空气?”“大家猜猜生病的那些人想怎么样让城里的空气也变新鲜?”

启发幼儿讨论，想出各种办法，教师可以进行引导式提问，如“大烟囱冒烟怎么办？汽车后面排出的尾气有毒怎么办？城里的人太多，总是这么拥挤怎么办?”

在此环节中，教师不能只局限于故事中提到的污染现象，还应进一步启发幼儿自己发现城市中更多的污染现象，然后再针对这些污染现象提出解决的方法。幼儿边说污染现象，教师边把这种现象的图片插在城市背景图上。

（3）完整讲述故事，待幼儿充分讨论后，教师讲述故事结尾。

教师：“城里的人到底怎样做才能让空气变新鲜呢？让我们把故事听完就知道了。”讲述后提问：“小猴的病是怎么好的?”“你喜欢这只聪明的小猴吗？为什么?”

（4）引导幼儿开展相关的语言活动。

教师：“故事里的小猴很聪明，自己动脑筋想出了好办法，假如你是那只小猴，你会想出什么好办法来治自己的病?”“如果我们生活的地方也有污染，你该怎么办?”让幼儿大胆想象，引导幼儿扩展思路，将故事与现实生活结合，充分满足幼儿语言表达的需要。

3. 活动结束

教师：“大家让城里的空气变得甜甜的、香香的，生活在这样的环境里，大家生活愉快，身体一定也会更好。现在，我们一起到幼儿园找找，看看哪些地方还可以添些什么？怎样使我们幼儿园的空气更新鲜、更香甜?”

活动评价

《幼儿教育指导纲要（试行）》中提出，要让幼儿接触社会，初步了解人与环境的相互依存关系。《空气变新鲜了》这个故事，从环保的角度向幼儿展示了当今大城市中存在的问题，取材现实，有一定的教育意义。

整个活动，以小猴生病为线索，把大城市的污染以图片的形式展现在幼儿面前，使幼儿深深感受到空气污染的危害性，从而一起为净化城市出谋划策。于是，“种树、种花、改装摩托车”等方法应运而生，充分寄托了孩子们的美好设想和愿望。

有人说，环保教育对于幼儿来说较难渗透，而本活动，教师的成功在于以情激情，从而激发起幼儿真正的言行。

幼儿故事活动是幼儿文学作品活动的主要内容，在幼儿语言教育活动中发挥着重要作用。不仅如此，通过故事活动还可以将语言、科学、社会、艺术和健康领域的内容加以整合，实现幼儿的全面发展教育。幼儿故事活动生动、灵活、丰富多样，因此它成了幼儿园教育中最为常用的教育活动形式，也是每位幼儿教师必备的关键技能。下面结合故事活动“空气变新鲜了”，讲解幼儿故事活动的设计方法与步骤。

一、有针对性地选择故事

第一，故事要符合幼儿年龄特点和心理发展水平，主题明确，情节起伏，人物形象突出，易于幼儿理解。

第二，结合幼儿实际生活情况，恰当地选择有教育意义的故事。如看见幼儿做事不专一，可选择童话故事《小猫钓鱼》；幼儿吃饭需要家长喂，可选择故事《小河马吃饭》等。

第三，故事要给幼儿留下发挥想象的空间，便于训练幼儿创造性思维，如《太阳帽的故事》《会动的房子》等。

二、创设情境，引出故事

教师要运用新颖的方式把故事引出，常见的导入手段有：用图片或幻灯片引入，用玩具、木偶表演或真人表演引入，用提问引入，用谜语引入等。如在故事活动“空气变新鲜了”中，教师可出示城市背景图和小猴图片，提问：“有一只小猴，从森林来到大城市，小猴非常开心，我们来猜猜它为什么很开心？”引起幼儿兴趣，导入故事。

三、教师生动有感情地讲述故事

教师生动有感情地讲述故事，一方面可以吸引幼儿的注意力，另一方面有助于幼儿理解故事内容，便于幼儿记忆。教师在讲述故事时可采取不同的方式，如把故事分几段讲述后再整体讲述，或整体讲述两三遍等。如在故事活动“空气变新鲜了”中，教师可先讲述故事的第一段和第二段上半部分，留时间给幼儿讨论后，再继续讲完故事的结尾，最后再整体讲述一遍，便于幼儿整体记忆。

四、教师用三层提问的方式帮助幼儿理解故事

所谓三层提问，就是设计由简单到复杂的三个层次的问题，幼儿通过回答这些问题，一步一步地理解故事主题、情节和人物性格等。以故事活动“空气变新鲜了”为例：

第一层是描述性提问。在教师第一遍讲述故事后提出问题，这类问题具体明确，能让幼儿直接在故事中找到答案，帮助幼儿了解故事大意。教师可提问："小猴从森林去了什么地方?""小猴到了城市里怎么了?""医生说治小猴的病，最好的药是什么?"等。

第二层是思考性提问。一般在第二遍讲述故事后，或幼儿对故事有一定了解后提出，这类问题需要幼儿考虑后再做回答，它能帮助幼儿理解故事主题、人物性格和心理特征。教师可提问："小猴想了什么办法让城市里的那些人也吸到森林的空气?""大家猜猜生病的那些人想怎么样让城里的空气也变新鲜?""大烟囱冒烟怎么办?""汽车后面排出的尾气有毒怎么办?"等。

第三层是假设性提问。回答假设性问题时，可以让幼儿大胆想象，引导幼儿扩展思路，将故事与现实生活结合，充分满足幼儿语言表达的需要。教师可提问："假如你是那只小猴，你会想出什么好办法来治自己的病?""如果我们生活的地方也有污染，你该怎么办?"等。

知识卡

幼儿故事活动的组织和指导策略

1. 帮助幼儿积累相关知识和生活经验。
2. 教师讲述语言要规范、完整、生动。
3. 教学形式丰富多样，围绕故事主题开展丰富多彩的相关活动。
4. 重在理解、体验，三层次的提问设计应恰到好处。
5. 以发展幼儿创造性想象和语言表达为主。
6. 教师应为幼儿设计丰富的教学活动形式，创造大胆想象和表述的机会。

五、引导幼儿进行创造性的语言活动

为帮助幼儿理解、掌握故事，教师可以在理解或延伸环节安排活动，如故事表演游戏、复述故事、创编故事、续编故事。创编或续编故事和假设性提问紧密相连，并且对不同年龄段幼儿有不同的要求。一般来说，小班幼儿编故事的结尾，中班幼儿编故事的高潮和结尾，大班幼儿编完整的故事。

第三节　幼儿诗歌、散文活动的设计方法与步骤

引导案例

见面歌

小鸡见面，叽叽叽，叽叽叽；
小猫见面，喵喵喵，喵喵喵；
小狗见面，汪汪汪，汪汪汪；
小朋友见面，你好，你好。

活动名称

见面歌（小班）

活动目标

1. 引导幼儿在看一看、讲一讲、玩一玩中学习整首诗歌。

2. 学习用“×× 见面 ××”的句式仿编儿歌，培养幼儿的尝试精神和创造力。

3. 培养幼儿爱动脑的习惯，体验合作的愉悦。

活动准备

1. 小兔头饰两个，事先排练好情境表演：两只小兔从不同方位跳出，碰在一起，手拉手儿跳跳跳，握握手，脸上表情笑嘻嘻的，很高兴。

2. 小鸟、小象、小鱼、小猴、小朋友互相见面卡各一张。

3. 双响筒一个。

4. 在每个幼儿椅子下放一张动物见面小图卡。

活动过程

1. 情境表演，初步尝试使用“×× 见面 ××”的句式

教师：“小朋友看，谁来了？我们一起来看看两只小兔子见了面做些什么？”

教师："小兔子见面是怎样做的？我们用好听的声音来说，用三个字说出来。"

教师："小兔子见面除了用动作表示，它们心里还觉得怎样？"

教师用双响筒打节奏，引导："我们把小兔见面也说进去，把故事讲完整就更加好听了。"

2. 让幼儿在说一说、学一学、玩一玩中巩固"×× 见面 ××"的句式

（1）出示小鸟见面卡。

教师："小鸟见面会怎样呢？"

（2）出示小象、小鱼、小猴见面卡。

教师："小象、小鱼、小猴见面又会怎样呢？"

幼儿互相讲述，再由个别幼儿讲述，根据幼儿讲述情况，让幼儿学一学小动物的动作或心理等。

3. 学习儿歌

（1）教师示范朗诵儿歌。

教师："老师把刚才小朋友们说的编成了一首好听的儿歌，名字就叫《见面歌》（出示文字），请小朋友们仔细听，听听哪些是小朋友们自己讲到的，哪些是没有讲到的？"

（2）教师提问。

教师："小朋友们听出来没有，刚才老师念的哪些是小朋友们已经讲到的，哪些是没有讲到的？"（出示小朋友见面卡，学习最后一句，讲解 Hello 的意思。）

（3）幼儿学习儿歌。

第一遍：教师指图，幼儿学习。

第二遍：幼儿找一个好朋友，一边念一边做动作。

4. 仿编儿歌

（1）看图卡仿编。

教师："刚才小朋友们讲了好多小动物见面的样子，我们把它们也编进儿歌里去。"

1）幼儿编给旁边的好朋友听。

2）请 1 ～ 2 位能力强的幼儿完整仿编。

（2）人手一张小图卡进行仿编。

1）幼儿个人进行仿编并相互讲述。

教师："森林里面来了好多小动物，它们也都想来编儿歌，你们愿意帮助它们吗？它们已经悄悄地来到小朋友们的小椅子下了，我们帮它们编一编，编好了跟旁边的小朋

友讲一讲。”

2）请个别幼儿拿着小卡片仿编，教师出示相应的图卡。

活动评价

《见面歌》是一首富有童趣的诗歌，诗歌内容形象、生动，整首诗歌围绕小动物们见面后的动作、心理、神态等来仿编，适合小班年龄特点，教师从教幼儿学诗歌到仿编诗歌，较好地完成了教学目标。

幼儿文学作品活动中不仅涉及故事活动，还包括幼儿诗歌、散文活动等，其设计方法与步骤如下。

一、选择适宜的作品

不同年龄层次的幼儿对诗歌和散文的选择要求不同。

1. 小班选材

小班选材应以篇幅短小、主题明确、画面单一的儿歌为主，如诗歌《落叶》。

秋风吹，树枝摇，
红叶黄叶往下掉。
红树叶，黄树叶，
片片飞来像蝴蝶。

2. 中班选材

中班应选篇幅较长、语言丰富、一个画面以上的儿童诗，如诗歌《春雨》。

嘀嗒，嘀嗒，下小雨啦！
种子说：“下吧，下吧，我要发芽。”
梨树说：“下吧，下吧，我要开花。”
麦苗说：“下吧，下吧，我要长大。”
小朋友说：“下吧，下吧，我要种瓜。”
嘀嗒，嘀嗒，下小雨啦！

3. 大班选材

大班选材广泛，篇幅也较长，画面丰富，表现形式多样，如诗歌《怎样笑》。

星星怎样笑？
眨眼眯眯笑。
眯眯笑，笑眯眯，

挂在夜空瞧呀瞧。
月亮怎样笑？
抿嘴微微笑。
微微笑，笑微微，
悬在树梢摇呀摇。
太阳怎样笑？
张嘴哈哈笑，
哈哈笑，笑哈哈，
看着我们乐逍遥。

二、设置情境，引出作品

教师创设一个吸引幼儿的情境可以发挥幼儿文学想象的语境和空间。一般来说，教师可以利用以下手段创设情境：图片，幻灯片；美术，音乐；布置与儿歌相符合的场景；提问，谜语等。

三、教师示范朗诵诗文

教师的示范要求咬字清晰准确，停顿处理恰当，声音抑扬顿挫，有音韵美，只有做到这些，才能打动、吸引幼儿。

四、帮助幼儿理解诗文

1. 通过观察教具或现实场景，帮助幼儿理解诗文

例如诗歌《落叶》《春雨》，就可以引导幼儿边观察图片，边理解诗句。诗歌《春天到》，可以结合幼儿观察到的春天景象来学习诗歌。

2. 用提问的方式，帮助幼儿理解诗文

如诗歌《伞》：

公路边的大杨树是小喜鹊的伞，
水塘里的大荷叶是小青蛙的伞，
山坡上的大蘑菇是小蚂蚁的伞，
下雨了，大家都有一把伞。

教师可以提出这样的问题："大杨树、大荷叶、大蘑菇都长在什么地方？""想一想，公路边的大杨树还可以当谁的伞？水塘里的大荷叶还可以当谁的伞？山坡上的大

蘑菇还可以当谁的伞？”等。

知识卡

幼儿诗歌、散文活动的组织和指导策略

1. 帮助幼儿积累相关知识和生活经验。
2. 与各种知识相结合，重在通过多种方式帮助幼儿理解诗文。
3. 教学形式丰富多样，围绕主题开展相关的丰富多彩的活动。
4. 把握不同年龄幼儿的活动特点，有针对性地进行诗文的仿编活动。
5. 留给幼儿艺术性建构语言的尝试空间。

3. 把有情节的诗歌编成小故事，帮助幼儿理解诗文

如儿歌《蚂蚁搬豆豆》：

一只蚂蚁在洞口，
找到一粒豆。
用尽力气搬不动，
只是连摇头。
左思右想好一会儿，
想出好计谋。
回洞请来小朋友，
合力抬着走。
嘿呦——嘿呦——嘿呦！

可以改编成小故事《蚂蚁搬豆》。

有一天，蚂蚁大王派小蚂蚁们出去找食物。一群蚂蚁来到草丛里，找呀找呀，突然，小蚂蚁丁丁发现了一粒很大的黄豆，他用力推，推不动，他就用力拉，也拉不动。于是，他大声地喊：“朋友们，我发现了一颗大豆子，快来呀！”伙伴们听到丁丁的喊声，都来了，有的推，有的拉，经过他们坚持不懈的努力，终于把大豆子搬回了家。

五、教幼儿朗诵诗文

教幼儿朗诵诗文的形式多种多样，可以集体朗诵、分组朗诵、个人朗诵、分角色朗

诵，朗诵时可以分句朗诵、分段朗诵、整段朗诵。教师要时刻注意幼儿朗诵情况，当发现有发音不准、漏词、漏句等情况时，要及时纠正。

六、围绕诗文主题开展相关的活动

诗文的学习不应只局限于诗文本身，还要借助诗文提高幼儿的语言表达能力，丰富社会生活知识和经验，发展幼儿的想象力和创造力。

1. 表演诗歌

有的诗歌内容有趣，以叙事为主，可以让幼儿边表演边说所学诗歌，提升幼儿兴趣，如诗歌《小猫照镜子》等。

2. 仿编诗歌

仿编诗歌是在幼儿对诗歌结构有一定了解、有一定知识经验和语言基础之上进行的活动。教师可以用提问来引导幼儿思考，扩展其思路，让幼儿把诗歌与现实生活相结合，创作出优美的诗句。对幼儿仿编诗歌的要求应逐步提高，可先学仿编一句，再学仿编一段，多次仿编后，再尝试编整首诗歌。一般来说，小班幼儿可以换诗歌里的一些词语，但整体画面不变；中、大班幼儿可以变化诗歌画面，但主题情感不变。

第四节　幼儿文学作品活动设计与指导参考案例

一、小班文学作品活动设计与指导

案例一

活动名称

一束鲜花（小班）

活动目标

1. 能够理解故事内容，记住故事的名称、角色。
2. 感受帮助别人的快乐，知道用鲜花可以表达情感。

活动准备

1. 故事《一束鲜花》及其课件。

2. 将幼儿分为三组，并分配相关的材料。

第一组：皱纹纸、油画棒、胶水。

第二组：笔、纸。

第三组：插塑玩具、插花。

附：故事

一束鲜花

小象走在路上，看见山羊公公背着一袋米吃力地走着，小象走过去说：“山羊公公，我来帮你背米吧。”小象让山羊公公把米放到长鼻子上，轻快地上路了，把米送到山羊公公的家。

小象走过一个小花园，小黄狗要浇花，到井里去打水，一不留神，水桶上的绳子断了，水桶掉进井里。小黄狗呆呆地望着井里，一时想不出办法来。小象走进花园，对小黄狗说：“别急，我来帮你捞。”小象把长鼻子往井里一伸，就把水桶捞起来了，还提了满满的一桶水。

小黄狗叫小象慢慢走，他去买了一束鲜花送给小象，说：“谢谢小象姐姐，这束鲜花送给你！”小象高兴地说：“谢谢你！”

活动过程

1. 导入

教师手拿一束鲜花来到教室，请幼儿猜猜为什么老师带来了花。

教师：“因为老师今天早上帮助了一位老人，老人很感谢老师，所以送来了鲜花表达谢意。”

2. 讲述故事

用提问的方式帮助幼儿理解故事内容。

（1）教师：“今天不仅老师得到了一束鲜花，小象也得到了一束鲜花。你们知道小象为什么也有一束鲜花吗？——听故事，听完后，你们就知道了！”

（2）教师生动有感情地讲故事后提问。

教师：“故事的名字是什么？”“故事中都有哪些小动物？”“你们还想再听一遍故事吗？”

（3）看课件，再次听故事后提问。

教师："小象都帮助了谁?""她帮助山羊公公干了什么?""她帮助小黄狗干了什么?""小黄狗送给了小象什么?""小黄狗为什么要送给小象鲜花呢?""你们最喜欢哪个小动物？为什么?"（小象非常热心，喜欢帮助别人，我们要向他学习）

3. 制作鲜花

教师："你帮助过谁？谁帮助过你？我们来做一束花送给帮助过你的朋友吧！"

幼儿分组制作，教师巡回指导，帮助幼儿解决困难：

（1）粘贴——皱纹纸、油画棒、胶水。

（2）绘画——笔、纸。

（3）插塑玩具、插花。

4. 结束：送花

教师："小朋友们做的小花真漂亮，现在大家想一想，在生活中谁帮助过自己，我们把亲手做的小花送给帮助过你的人好吗?"

活动评价

本次活动采用课件演示的方式，使活动更为直观。教师提问符合小班幼儿的年龄水平，以描述性提问和思考性提问为主。活动最后以手工的方式巩固和迁移了对故事的理解，同时也锻炼了幼儿的动手能力。

案例二

活动名称

雪地里的小画家（小班）

活动目标

1. 在看一看、想一想、说一说中理解诗歌内容，学习诗歌。

2. 在理解诗歌内容的基础上，朗诵诗歌。

活动准备

1. 经验准备：经历过下雪的场景并有在雪地里玩耍的经验，知道什么是冬眠。

2. 物质准备：诗歌，雪景图，小鸡、小狗、小鸭和小马及其脚印的图片，一段抒情音乐。

附：诗歌

雪地里的小画家

下雪啦，下雪啦，雪地里来了一群小画家。

小鸡画竹叶，小狗画梅花，小鸭画枫叶，小马画月牙。

不用颜料不用笔，几步就成一幅画。

青蛙为什么没参加？他在洞里睡着了。

活动过程

1. 情境导入

教师出示雪景图，引起幼儿对下雪场景的回忆。

导入语："秋天，枫树爷爷画了一幅很美的画。冬天来了，北风呼呼地吹，吹走了枫树爷爷的画，枫树爷爷伤心极了。（课件出现北风吹来，树叶被卷走，枫树爷爷皱起了眉头）天越来越冷，你们看，天空里下起了什么？"（雪绒花音乐起，课件展现下雪场景）

提问："小朋友们喜欢在雪地里做什么？"

2. 观察图片，理解诗歌内容

（1）观看图片，理解诗歌第一句。

导入语："下雪了，下雪了，雪地里来了一群小画家，他们想画一幅画送给枫树爷爷。"

提问："哪些动物小画家来了？他们在雪地里留下了什么？"

（2）观察脚印，根据小动物脚印的形状大胆想象，理解诗歌第二句。

导入语："雪地里的小画家留下了自己的脚印，我们来看看他们的脚印像什么？"

提问："你觉得小鸡的脚印像什么？"

小结："小朋友们根据脚印的形状积极想象，大胆表达了自己的想法，你们说得都有道理，给你们竖起大拇指。”

（3）观看图片，理解诗歌第三句。

导入语：“枫树爷爷有几个问题想问小朋友们。”

提问：“雪地里的小画家用颜料了吗？用笔了吗？他们是怎么画画的呢？”

小结：“小画家们不用颜料不用笔，几步就成一幅画。”

（4）观看图片，理解诗歌第四句。

提示语：枫树爷爷看见小鸡、小狗、小鸭和小马都来了，疑惑地问：“你们的好朋友青蛙怎么没有来呢？”

提问：“小朋友们，你们知道青蛙为什么没有来吗？”

小结：“枫树爷爷知道青蛙为什么没来画画了，原来他藏在洞里睡着了。”

3. 请幼儿一起跟读，完整理解诗歌

提示语：“枫树爷爷太高兴了，他将小画家的画编成一首诗歌，请小朋友们一起跟枫树爷爷读一读。”（教师配乐朗诵）

4. 活动延伸

让幼儿回家和家长一起收集其他小动物的脚印。

活动评价

在活动过程中，将枫树爷爷贯穿于整个场景中，教学情景化，激发了幼儿极大的学习兴趣。将诗歌内容结合图片帮助幼儿理解诗歌内涵，在幼儿充分理解的基础上，让幼儿朗诵诗歌，很好地培养了幼儿想象力和语言表达能力。

案例 三

活动名称

太阳和月亮（小班）

活动目标

1. 感受诗歌所营造的艺术氛围。

2. 体验“热闹”与“安静”对比形成的意境。

活动准备

与诗歌内容相关的小动物图片和音乐。

附：诗歌

太阳和月亮

太阳出来了，小兔醒来了，小狗醒来了，白天真热闹。

月亮出来了，小花睡着了，小草睡着了，夜晚静悄悄。

活动过程

1. 游戏导入：为太阳公公、月亮阿姨找朋友

（1）教师："每个人都有好朋友，小鸟和小树是好朋友，小花和小草是好朋友，太阳公公和月亮阿姨也想找好朋友。谁是它们的好朋友呢？"

（2）师幼一起观察图片。

教师："太阳公公的好朋友是谁？（小兔、小狗、小鸡……）为什么说他们是太阳公公的好朋友？"

引导幼儿说出：太阳公公出来了，天亮了，小动物们都醒过来了，都到外面来玩了。

教师："月亮阿姨的好朋友是谁？（小花、小草）为什么说他们是月亮阿姨的好朋友？"

引导幼儿说出：月亮阿姨出来了，天黑了，小花、小草都睡着了。

2. 利用图示学习诗歌

（1）教师："这些小图片中藏着一首好听的诗歌，我们一起来听一听吧。"

教师用两种不同的音色、语调示范朗诵诗歌。

教师："你们听到了谁？让我们在图片里把他们找出来吧。"

（2）教师："你们找对了吗？我们再来听一听，听的时候小朋友们检查一下到底找对了没有？"

（3）教师："为什么说白天真热闹？（太阳出来了，小动物们都醒来了，大家在一起玩，白天真热闹）夜晚是怎样的？（月亮出来了，小花、小草都睡着了，到处都很安静，夜晚静悄悄）"

（4）教师："我们一起来念念这首好听的诗歌吧。"

3. 游戏：和太阳公公、月亮阿姨一起玩

教师："你们愿意和太阳公公、月亮阿姨一起玩吗？"

教师："（播放'太阳出来了'的音乐）太阳公公出来了，我们一起来玩吧。（播放

'月亮出来了'的音乐)月亮阿姨出来了，该回家睡觉了。"

活动评价

活动通过游戏的方式导入，引发幼儿参与活动的积极性，通过找朋友的游戏帮助幼儿理解诗歌中太阳、小兔、小狗、白天、真热闹的对应关系和月亮、小花、小草、夜晚、静悄悄的对应关系，使幼儿初步建立对诗歌意境的感知与理解，让幼儿体验到诗歌的美妙。

二、中班文学作品活动设计与指导

案例一

活动名称

快乐的小气球(中班)

活动目标

1. 学讲故事中的对话和短句"别着急，我来帮助你。""……谁有困难我来帮。"
2. 能够掌握故事名称，理解故事的主要内容，能独立讲述故事。
3. 通过情境表演，体会助人为乐的情感。

活动准备

1. 故事《快乐的小气球》。
2. 小鸟和小鸡的头饰若干。
3. 实物气球数只。纸(一开大小)一张，笔若干支，颜料(红、绿、蓝、咖啡色)。

附：故事

快乐的小气球

天空中飘着几朵白云，风推着云儿慢慢地走。哟，一只小气球，它一边唱一边飞来了："啦啦啦，啦啦啦，我是快乐的小气球，谁有困难我来帮。"

小气球高兴地往前飞，飞过绿色的草地，飞过高高的树梢。突然听到呜呜的哭声，是谁在哭呀？小气球一边飞一边找，原来草地上有一只小鸟在哭。小气球连忙问："小鸟，小鸟，你为什么哭呀？"小鸟说："我的翅膀受伤了，飞不回家了。”小气球说：“别着急，我来帮助你。”小气球就让小鸟骑在自己的背上，带着小鸟一起飞，把小鸟送回了家。小鸟高兴地说：“谢谢你，小气球。”小气球说：“不用谢。”小气球帮助了小鸟，它高兴地一边飞一边唱：“啦啦啦，啦啦啦，我是快乐的小气球，谁有困难我来帮。”

小气球高兴地往前飞，飞过绿色的草地，飞过高高的树梢，又飞过弯弯的小河。突然听到一阵“救命呀，救命呀……”的呼喊声，啊呀，小鸡在河边玩，一不小心，掉到河边的荷叶上了。小气球连忙飞了过去：“别着急，我来帮助你。”小气球就把自己长长的尾巴伸到河里，小鸡紧紧拉住，小气球用力往上飞，把小鸡送到岸上，小鸡得救了。

天空中响起了小气球的歌声，它一边飞一边唱：“啦啦啦，啦啦啦，我是快乐的小气球，谁有困难我来帮。”

活动过程

1. 听故事录音

（1）教师介绍故事名称，提出听故事要求：“请小朋友们仔细听听故事讲了些什么？故事里有谁？它们说了些什么话？”

（2）幼儿听故事。

（3）幼儿听完故事后，教师问：“故事叫什么名字？故事里有谁？”

2. 教师讲述故事，幼儿学讲故事中的对话和短句

教师运用边讲边画的形式，帮助幼儿理解故事内容，并学讲故事中的对话和短句。

（1）故事第一段：小气球帮助小鸟。

1）教师边讲边画：天空中飘着几朵白云，风推着云儿慢慢地走，一只小气球一边唱一边飞来了（出示实物小气球）：“啦啦啦，啦啦啦，我是快乐的小气球，谁有困难我来帮。”（请幼儿跟学一遍）

2）教师继续边讲边画：小气球高兴地往前飞，飞过绿色的草地，飞过高高的树梢。突然听到呜呜的哭声，是谁在哭呀？（出示小鸟）原来草地上有只小鸟在哭。

小气球连忙问……（请幼儿一起学讲故事中的对话），重点学说短句“别着急，我来帮助你。”

小气球就让小鸟骑在自己的背上，带着小鸟一起飞，把小鸟送回了家（演示教具）。

3）教师扮演小气球，全体幼儿扮演小鸟进行表演，练习对话。

4）教师问："这是一只怎样的小气球？"（这是一只会帮助人的小气球）"小气球帮助了小鸟，高兴地唱了起来，它是怎么唱的？"（请幼儿一起拍手念）

（2）故事第二段：小气球帮助小鸡。

1）教师继续边讲边画：小气球又高兴地往前飞，它飞过……突然发现一只小鸡掉在河里。（出示小鸡）怎么办呢？（请幼儿各自想办法）

2）小气球飞来了，它怎么说？（让个别幼儿说短句"别着急，我来帮助你。"）

3）小气球想了什么办法来帮助来小鸡呢？（教师边讲边演示，幼儿可以做动作）小气球就把自己长长的尾巴伸到河里，小鸡紧紧抓住，小气球用力往上飞，把小鸡救到了岸上。

4）幼儿分两组：一组扮演小气球，一组扮演小鸡练习对话。

5）天空中又响起了小气球的歌声，它是怎么唱的？（幼儿一起念）

3. 故事表演

（1）个别幼儿表演。

请三位能力较强的幼儿分别扮演小气球、小鸟、小鸡，戴上头饰，进行故事表演，起示范作用。

故事表演后，教师抱起扮小气球的幼儿，亲亲他，流露出非常喜欢的情感："你会帮助别人做许多好事，老师真喜欢你。"

（2）幼儿集体表演。

请三分之一的幼儿扮演小气球，三分之一的幼儿扮演小鸟，三分之一的幼儿扮演小鸡；听录音，集体表演故事。

音乐起，飞来了许多小气球（实物），它们一边飞一边唱："啦啦啦，啦啦啦……"

活动评价

传统的故事教学，往往是教师讲，幼儿听，一张图片一张嘴，形式单一，不能充分调动幼儿学习的兴趣，也难以很好地完成语言教学的任务。

本次活动力求在这方面有所突破。教学中，故事的第一遍，由教师讲，以保持故事内容的完整性；第二遍、第三遍，通过教师画、大家讲和教师问、集体演的形式，让幼儿理解故事内容，使幼儿深入其境，其注意力高度集中在故事情节的发展之中，并积极思考：小气球如何帮助小鸟和小鸡？同时，让幼儿很自然地学讲故事中角色间的对话；第四遍以表演游戏的形式进行故事讲述，幼儿手拿气球，兴趣浓厚，情绪高涨，人人都融入愉快的活动之中，改变了过去能力强的幼儿唱主角，能力差的幼儿当配角的情况，真正做到了面向全体幼儿，使每个幼儿在原有的基础上都有所得益，有所提高。

案例二

活动名称

小熊过桥（中班）

活动目标

1. 感知诗歌的意境，理解诗歌的内容，初步尝试发准韵脚“ao”的字并有感情地朗诵诗歌。

2. 发展一定的平衡能力和初步的表演能力。

3. 激发喜爱诗歌和不怕困难的情感。

活动准备

1. 幼儿有过桥的经验。

2. 平时在早晚接送幼儿时，培养幼儿不依赖家长、高高兴兴入园的习惯。

3.《小熊过桥》诗歌及其所配图片、平衡木等。

附：诗歌

小熊过桥

小竹桥，摇摇摇，
有只小熊来过桥。
立不稳，站不牢，
走到桥上心乱跳。
头上乌鸦“哇哇”叫，
桥下流水“哗哗”笑。
“妈妈，妈妈你来呀！
快把小熊抱过桥！”
河里鲤鱼跳出水，
对着小熊大声叫：
“小熊小熊不要怕，
眼睛向着前边瞧！

一二三，向前跑！”
小熊过桥回头笑，
鲤鱼乐得尾巴摇。

活动过程

1. 导入诗歌

教师出示小竹桥及流水图，引导幼儿观察讨论。

教师：“小朋友们看一看，图上面画的是什么？你敢过桥吗？”

2. 分层讲述，帮助幼儿理解诗歌

（1）教师依次出示小熊、乌鸦、流水的图片，然后用诗歌中的语言讲述至“快把小熊抱过桥！”再次引导幼儿讨论“这时候小熊会怎样？你准备怎样帮助小熊？”鼓励幼儿大胆联想、想象，想出更多更好的方法来。

（2）教师出示鲤鱼、小熊的图片，继续朗诵诗歌至结尾，引导幼儿体会小熊靠自己的勇气和能力过完桥的成功、喜悦之情。

教师：“刚才小朋友们想的办法都很好，想知道是谁帮助了小熊吗？那我们就把故事听完吧。”

3. 完整欣赏诗歌，让幼儿整体把握诗歌的意境

（1）教师一边演示图片一边完整朗诵诗歌。

（2）引导幼儿边拍节奏边说诗歌，并注意发准“ɑo”的韵脚。

（3）引导幼儿有感情地朗诵诗歌。

教师：“小熊刚开始站在桥中央心里很紧张、很害怕，小朋友们想一想，这时的小熊应该是什么样的表情？那过完桥他又是什么样的心情、什么样的表情？请你表演出来。”待幼儿分别做出了两种表情后，带领幼儿带着表情朗诵诗歌。

4. 情景表演

拿出准备好的平衡木，让幼儿模仿小熊的样子走过“独木桥”。用表演的形式激发幼儿朗诵诗歌的兴趣。一个幼儿表演小熊过桥时，其他幼儿一边朗诵一边欣赏。

5. 扩展延伸

引导幼儿利用生活经验讨论：生活中如果你遇到困难，会怎么办？

活动评价

《小熊过桥》是一首篇幅较长的儿童诗歌，让幼儿当堂记住有一定困难，教师运用了启发提问的方式，引导幼儿思考，在不知不觉中理解了诗歌内容，最后用表演的形式来巩固和复习诗歌，既满足了幼儿游戏的需要，又实现了教学目标。

案例三

活动名称

落叶（中班）

活动目标

1. 欣赏和感受散文的意境美，加深对小树叶由春天的嫩芽到夏天的葱郁及秋天的变黄成落叶这种自然现象的认识。

2. 想象小树叶随风飘荡的画面，能进行表演及创造性的表述。

3. 体验大树妈妈与小树叶之间的亲情。

活动准备

散文《落叶》内容，相关课件，关于落叶的经验准备。

附：散文

落　叶

大树是妈妈，小树叶是她的孩子。

春天，小树叶只是绿绿的嫩芽；夏天，小树叶已经长大了，在火辣辣的阳光下为人们撑起一把大伞，送来一片片阴凉；秋天到了，小树叶由绿变黄，一个个好像穿着金黄色裙子的小姑娘，搀着大树妈妈在秋风中翩翩起舞。

一天，一阵秋风吹来，小树叶告别大树妈妈。小树叶不停地翻动着身子，飘呀飘，飘到屋顶上，屋顶变得金黄；飘到小河里，水面上像飘动着许多小船；飘到草地上，草地上像多了一层软软的地毯；飘到大树妈妈脚下，大伙儿抱成一团，好像在说："妈妈，天气渐渐冷起来了，我们给您焐焐脚，暖和暖和好过冬。"

小树叶在秋风中飘呀飘，飘向四面八方，一个个都安下了家，它们心里还惦记着大树妈妈，盼着大树妈妈明年春天生出许多胖娃娃。

活动过程

1. 演示“落叶飘落”的课件

教师：“你们看到了什么？（叶子在秋风中飘呀飘）这些小树叶会飘到哪里呢？”

幼儿：“飘到马路上，飘到房顶上……”

教师：“我们来听一篇散文，听听散文里落叶飘到了哪里？”

2. 欣赏散文《落叶》后半段

教师：“（演示课件，读散文）小树叶飘到了哪里？那个地方变成什么样啦？”

教师：“我们一起来说说小树叶对妈妈说的话。小树叶很爱大树妈妈，大树妈妈心里也很开心。那你们知道小树叶在春天、夏天是怎样的吗？”（幼儿讨论）

教师：“我们来听听散文里又是怎么说的？”

3. 欣赏散文《落叶》前半段

教师：“（演示课件，读散文）小树叶在春天、夏天是怎样的？散文里说了哪些好听的话？你喜欢哪句话？为什么？”

教师：“你们喜欢小树叶吗？谁来做一片小树叶，表演在春天、夏天、秋天的变化。大家一起跟着学一学。”

教师：“现在我们把散文完整地听一遍，可以在自己的位置上试着表演。”

4. 表演散文《落叶》

教师：“这篇散文好听吗？老师也想表演呢，我来做大树妈妈，你们做我的孩子——小树叶。”（提醒幼儿表演落叶飘的样子，不能随便跑动）

5. 创编

教师：“小树叶随着秋风飘呀飘，它们除了飘到房顶上、小河里、草地上、大树妈妈脚下，还可以飘到哪里呢？谁愿意学着散文里好听的话也来编一编。”（引导幼儿说出“落叶飘到哪里，哪里变成怎么样”的句式）

教师：“现在请第一排小树叶站到大树妈妈身边，你们随着秋风飘呀飘，想飘到哪里呢？每人说一句好听的话。”

6. 活动结束（寻找飘落的小树叶）

教师：“还有很多小树叶也离开了大树妈妈，它们飘到哪里了呢？我们一起去看看。”（随音乐走出教室，活动结束）

活动评价

本次活动通过展示“落叶飘落”的课件引出散文内容，辅以教师的层层提问，带领幼儿沿着散文的内容深入，设计了表演环节，帮助幼儿加深对主题的理解，同时积极鼓励幼儿开展创编，将散文学习提升到创编能力的培养上，最后以寻找落叶结束活动。活动设计紧凑，动静结合，富有吸引力。

三、大班文学作品活动设计与指导

案例一

活动名称

快乐的小雨点（大班）

活动目标

1. 能够欣赏散文的美，学习象声词“沙沙沙、叮叮叮、吱吱吱、嗒嗒嗒”。

2. 学会用象声词创编儿歌《快乐的小雨点》，并通过歌唱、游戏等活动体验创编的快乐，发展表达、交流、合作的能力。

3. 激发幼儿热爱大自然、关心周围事物的情感。

活动准备

1. 散文《快乐的小雨点》及教学挂图一套。

2. 树叶、荷花等图画若干，字卡“沙沙沙、叮叮叮、吱吱吱、嗒嗒嗒”各一套。

3. 幼儿人手一份胸饰（树叶、小屋、荷花、窗户等图案）。

附：散文

快乐的小雨点

下雨了，小蝴蝶不能出去玩。她舞着美丽的翅膀在屋子里飞来飞去，嘴里嘟哝着：“没办法出去玩，真没意思。”蝴蝶妈妈慈爱地看着小蝴蝶，然后带她到窗前，“孩子，你来听，小雨正在唱歌呢！”“妈妈，你说什么呀！小雨怎么会唱歌？”妈妈向她点点头，闭上眼睛仔细听。小蝴蝶闭上眼睛侧着耳朵静静地听，“啊，听见了，听见了，沙沙沙，那是跟森林里的树叶在玩耍；叮叮叮，那是小雨在小熊的铁皮屋上翻跟头；吱吱吱，那是小雨钻进粉色荷花的花蕊了；嗒嗒嗒，那是小雨在敲自家的窗玻璃，跟自己打招呼呢！”小蝴蝶高兴地说：“沙沙沙、叮叮叮、吱吱吱、嗒嗒嗒，小雨在唱一支多么有趣的、多么好听的歌啊！”窗外，小雨还在轻轻地唱，屋里，小蝴蝶在静静地听。

活动过程

1. 听录音（雨滴声），引起幼儿兴趣

教师：“小朋友们听，这是什么声音？”（下雨的声音）“下雨天，小朋友们会做些什么？”“有一只小蝴蝶却和小朋友们做的不一样，让我们去瞧瞧！”

2. 初步欣赏散文

幼儿要了解散文的主要情节，并学习象声词“沙沙沙、叮叮叮、吱吱吱、嗒嗒嗒”。

（1）欣赏前半部分到“静静地听”，教师：“小蝴蝶下雨天不能出去玩，那她会做些什么呢？你猜她听到小雨点发出了哪些声音呢？”（幼儿自由讲述）

（2）继续欣赏后半部分（边听散文，边用展示台展示画面），学习象声词并用动作表现。

1）学习象声词。教师：“小雨点都发出了什么声音？”幼儿说出后，教师逐一出示字卡：沙沙沙、叮叮叮、吱吱吱、嗒嗒嗒，引导幼儿认读。

2）引导幼儿为象声词创编动作。教师：“这些声音真好听，你能为它们配上好看的动作吗？”（请幼儿用动作来表现象声词）

（3）播放第二段，寻找雨点落下的地点。

教师：“小雨点分别落到哪儿才发出这么好听的声音呢？”（幼儿边讲述教师边出示图片：树叶、铁皮屋、荷花、窗玻璃）

（4）探索小雨点落下时的状态。

教师：“小雨点落在这些地方好像在做什么呢？”（幼儿边讲述教师边出示图片，并请幼儿模仿一下动作）幼儿充分讨论后总结：“是和树叶在玩耍，落在屋上翻跟头，在和荷花捉迷藏，在和蝴蝶打招呼。”

（5）完整欣赏散文，可请幼儿边听边跟着念并可以表演动作。

3. 创编儿歌

学会创编儿歌《快乐的小雨点》，并能用演唱的形式表现儿歌内容。

（1）教师示范创编儿歌："小雨点，沙沙沙，是和树叶在玩耍。"教师将幼儿创编的内容串联起来，编成儿歌《快乐的小雨点》，然后集体朗诵。

（2）师幼共同以歌唱的形式表现儿歌内容。（幼儿用《两只老虎》这一歌曲的旋律演唱儿歌）

4. 音乐游戏：小雨点的旅行

（1）教师讲解游戏规则及玩法。

（2）请一名幼儿扮演小雨点，四名幼儿扮演树叶、屋顶、荷花和窗玻璃进行游戏。

（3）师幼共同游戏。

5. 活动结束

教师："多可爱的小雨点啊！落下的声音真好听。大自然里还有许多比小雨点更好听的声音呢！让我们一起去找一找、听一听。"

6. 活动延伸

（1）在日常生活中寻找各种大自然的声音。

（2）通过多种形式（看图书、上网等），了解雨的形成、作用及危害。

活动评价

散文的理解对幼儿来说具有一定的难度，此活动分别运用了声音、图片、字卡、胸饰等多种活动教具来帮助幼儿理解散文，使枯燥的散文课变得丰富、有趣；通过重点学习，使幼儿大体把握了散文的情绪情感，并能进行简单的儿歌创编。

案例二

活动名称

变色的房子（大班）

活动目标

1. 理解散文诗的内容，初步感受散文诗的语言和结构美。

2. 体会散文诗重复变化的结构，能根据图意学习仿编散文诗。

3. 理解"绿油油、红艳艳、金灿灿"等描述色彩的词语的含义，学习有表情地朗诵诗歌。

活动准备

散文诗《变色的房子》及课件，音乐，图片。

附：散文诗

变色的房子

小兔造了一间新房子，它把小种子拌在泥浆里，刷在房子上。

春天小种子发芽了，绿油油的，绿房子藏在叶子里，狐狸看不见。

夏天小苗开花了，红艳艳的，红房子藏在花丛中，大灰狼看不见。

秋天小树结果了，金灿灿的，金房子藏在果树里，老虎看不见。

小兔住在新房子里，日子过得真快乐。

活动过程

1. 提出问题，导入课题

教师：“农民伯伯种东西时，种子撒在哪里呢？有一只小兔子造了一间新房子，它把种子拌在泥浆里，刷在房子上。你觉得会发生什么事情？”

2. 熟悉内容，理解结构，感受并学习关键词语

（1）欣赏、理解有关春天的段落。

1）教师：“你们听到了什么？”（根据幼儿的回答出示相应图片，并按顺序摆放）

2）教师：“你们还听到了什么？请再听一遍，记住刚才没听出来的那一句。”

3）教师：“这一段散文诗中有一个好听的词，你们听到了吗？谁来告诉我‘绿油油’是什么意思呢？还有什么东西也可以用‘绿油油’来说呢？”

4）师幼一起结合图片有感情地朗诵两遍。

（2）欣赏、理解有关夏天的段落。

1）教师：“到了夏天，房子会发生什么变化呢？”

2）教师：“现在我要请一个好孩子帮我来排一排这四张图片。”

3）教师：“请你们听听看他排得对不对？”教师朗诵，请幼儿边听边验证排图的顺序。

4）理解词语“红艳艳”的含义。教师：“这里也有一个表示颜色的词，它和‘绿油油’有什么共同点？这种词叫‘叠词’。”

（3）配乐朗诵第二、三段。

教师：“我们一起听着音乐把春天、夏天这两段诗朗诵一遍吧！”

（4）学习创编有关秋天的诗句。

1）教师："秋天，这间房子又会发生什么变化呢？"

2）教师出示有关秋天诗句的图片，幼儿自由看图创编。教师："谁能根据这些图片来说说看。"

3）个别幼儿介绍自己的创编成果，师幼共同倾听、学习。

4）师幼有感情地朗诵 2 ~ 3 遍。

5）幼儿随着音乐朗诵自己创编的诗句。

（5）给房子取名字，深入理解主题。

1）给房子取名字。教师："这间房子在每个季节当中，什么会发生变化呢？这是一间怎样的房子？"

2）再次理解散文诗主题。教师："小兔为什么要把种子拌在泥浆里，刷在房子上？小兔住在会变色的房子里，日子会过得怎么样？"

3）欣赏散文诗最后一段。

3. 活动结束

师幼一起配乐朗诵散文诗。

活动评价

本次活动以问题引导活动的开展，为活动配以音乐更活跃了气氛，通过逐个季节的欣赏、分析和创编活动，使幼儿深入了解散文诗主题，并通过配乐朗诵锻炼了幼儿语言运用能力，体会到散文诗句的美妙。

案例三

活动名称

假如我有翅膀（大班）

活动目标

1. 主动积极地参与活动，欣赏诗歌，感受诗歌优美的意境及语言。

2. 感知理解诗歌内容，能用连贯的语言表达自己的想法，并能用比较轻柔、愉悦的声音朗诵诗歌。

3. 大胆展开想象，尝试用"假如我有翅膀"的句式仿编诗歌。

活动准备

1. 与诗歌相匹配的背景图片四张，小图卡四张。

2. 诗歌《假如我有翅膀》课件，背景音乐《绿野仙踪》。

3. 幼儿人手一块磁性画板。

附：诗歌

假如我有翅膀

假如我有翅膀，我要飞上蓝天，和白云拥抱；

假如我有翅膀，我要飞到森林，和小鸟游戏；

假如我有翅膀，我要飞进花园，和花朵亲亲；

假如我有翅膀，我要飞上高楼，看看美丽的家乡！

活动过程

1. 通过谈话导入活动

（1）播放飞鸟的视频，然后教师提问："鸟儿在干什么？你们想不想像它们一样？"

鼓励幼儿张开双臂"飞"到座位上。

（2）引导幼儿展开想象：假如你们有翅膀，你们想怎样？幼儿讨论。

教师："小朋友们，刚才'飞'的感觉怎么样？假如你们有翅膀，你们会去干什么呢？"

引出诗歌，进入活动。

教师："让我们一起来听一听这首诗歌里说了些什么。"

2. 欣赏诗歌，理解与感受

（1）初次欣赏，感知内容。

教师配乐朗诵诗歌，幼儿认真倾听与欣赏。

教师："你们喜欢这首诗歌吗？诗歌的名字叫什么？"

教师："你们在诗歌里听到了什么？"

（2）第二次欣赏，感受意境。

教师再次有感情地朗诵诗歌，幼儿边听边思考。

教师："假如我有翅膀，我会飞到哪里？干什么？"

教师根据幼儿的回答出示相应的背景图片以及小图卡。

教师："为什么飞上蓝天要和白云拥抱？"

教师：“如果是你飞上了蓝天，你会对白云说什么？”

鼓励幼儿模仿飞上蓝天的小天使，用动作来表现与白云的拥抱。

（3）再次欣赏，体验情感。

幼儿边观看课件边欣赏诗歌。

教师：“诗歌中你们最喜欢哪一句？为什么？”

教师：“关于这首诗歌，你们还有什么问题吗？”

教师：“听完了这首诗歌，你们心里有什么样的感觉？”

3. 朗诵诗歌，抒发情感

教师：“对于这首诗歌，应该用什么样的语气来朗诵呢？为什么？”

教师：“谁愿意在大家面前试一试？”

教师：“你们想加上动作再来表演这首诗歌吗？我们一起来试一试吧！”

4. 仿编诗歌，展开想象

教师：“假如你有翅膀飞上蓝天后，想遇见谁呢？能不能用诗歌里的话来说一说？”“假如你有翅膀，你还会飞到哪里？去干什么？”

鼓励幼儿把自己的想法画在画板上。

5. 活动延伸

让幼儿回家后和父母一起朗诵、表演和创编诗歌。

活动评价

在本次活动中，教师以《假如我有翅膀》散文诗为载体，给予幼儿一双可以载着思想飞翔的翅膀，充分激发幼儿的想象力和创造力。关注幼儿的个体差异，从目标的制定、提问的设计、教师的指导以及教师对于幼儿的回应都体现了让幼儿个性自由发展的设计思路。

思考·练习

1. 为进行幼儿文学作品活动的设计与教学，幼儿教师应具备哪些专业技能？
2. 围绕一个文学作品开展主题网络式活动设计，体现“整合”的教育理念。
3. 设计一个幼儿园小班故事活动方案。
4. 设计一个幼儿园大班诗歌、散文活动方案。

第六章 幼儿早期阅读活动设计与指导

学习目标

- 了解并认识幼儿早期阅读活动在幼儿语言教学中的重要性
- 掌握不同年龄段幼儿早期阅读的具体目标和指导方法
- 能根据幼儿的需要和兴趣设计不同年龄段幼儿的阅读活动
- 认真学习、分析案例，做到能自己设计并模拟、实践完成教育活动

幼儿的早期阅读习惯和技能的培养对其终身学习具有特别重要的意义。通过阅读，幼儿不仅可以获得丰富的知识，而且还能启迪智慧，活跃思维，诱发创造灵感。幼儿早期阅读活动的正确设计与指导，能够帮助幼儿形成看、听、读、写一整套的基本能力，为今后的学习打下良好的基础。

第一节　幼儿早期阅读活动概述

一、幼儿早期阅读活动的特点

1. 早期阅读活动需要丰富的阅读环境

幼儿早期阅读环境包括以下两个方面的含义：一方面是精神环境，宽松自由的阅读氛围有助于幼儿全身心地投入到阅读活动中，在阅读活动中获得无穷的乐趣。另一方面是物质环境，教师要努力为幼儿创设丰富的阅读物质环境，包括为幼儿提供阅读的时间和空间两个方面，使幼儿在大量的日常阅读中得到巩固和发展，在潜移默化中获得有关书面语言的丰富知识。

2. 早期阅读活动具有整合性的特点

幼儿早期阅读是一种整合性教育，它贯穿于各种活动中，应与语言教育活动及其他领域教育活动紧密结合起来。早期阅读是书面语言与口头语言的结合，会促进幼儿口头语言表达能力的发展，同时，幼儿在阅读中也会认识简单的文字，了解书面语言的特点，获得有关书面语言的初步知识。

二、幼儿早期阅读活动的目标

幼儿早期阅读活动是为以后进行高级阅读活动做准备，它的目标包括以下几个方面：

1. 认知目标

幼儿应懂得口语与文字和图书的对应与转换关系。

2. 能力目标

幼儿应掌握阅读图书的基本方法，能集中注意力阅读图书，理解图书内容，能学会制作图书并配以文字说明，了解汉字的书写风格，能按规范笔顺书写自己的姓名和一些常见的独体汉字。

3. 情感与态度目标

幼儿应对图书文字产生兴趣，喜欢认读常见的、简单的独体汉字。

知识卡

幼儿早期阅读活动各年龄阶段具体目标

一、小班目标

1. 知道可以用一段话来讲述一幅图的含义。

2. 知道每个字的发音不同，所代表的意思也不同。

3. 喜欢听成人讲述图书的内容，并尝试自己阅读图书。

4. 学习正确的阅读方法，会按顺序翻阅图书。

5. 对文字感兴趣，能学认常见的简单汉字。

二、中班目标

1. 知道口头语言和文字的对应转换关系。

2. 能集中注意力倾听成人讲述图片中画面的文字说明，理解书面语言。

3. 能独立阅读图书，理解画面内容。

4. 对画面的文字感兴趣，主动学认常见的汉字。

三、大班目标

1. 理解画面内容，会对画面的内容用恰当的扩句和缩句来合理表达。

2. 对学习与阅读文字感兴趣，积极学认常见的汉字。

3. 初步认识汉字的间架结构和书写风格，会按正确笔顺书写自己的姓名及常见的、简单的独体汉字。

三、幼儿早期阅读活动的作用

早期阅读是幼儿开始接触书面语言的主要途径。幼儿进行早期阅读可以获得以下三个方面的经验，即前图书阅读经验、前识字经验、前书写经验。

1. 前图书阅读经验

日常我们除了通过给幼儿提供图书的方式来培养其阅读能力，同时还要挖掘任何可供幼儿阅读的材料，如报纸、宣传单等生活中唾手可得的东西，这些与生活紧密结合的材料同样能丰富幼儿的前图书阅读经验。

2. 前识字经验

集中、大量、快速识字是幼儿进入小学阶段的学习任务。有计划、有目的的早期阅读活动可以帮助幼儿获得前识字经验，提高幼儿学习文字的兴趣。

3. 前书写经验

早期阅读活动为幼儿提供了解积累有关汉语文字构成和书写的学习机会。例如，认识汉字的独特书写风格，知道汉字的基本间架结构，学会用正确的姿势书写等。

四、幼儿早期阅读活动的类型

幼儿早期阅读活动将听、说、读、写能力结合起来发展，不同的阅读活动具有不同的目的，因此，幼儿教师必须明确早期阅读活动的类型，才能有效地指导幼儿早期阅读活动。

按照阅读训练目的的不同进行划分，可分为认知性阅读、理解性阅读、鉴赏性阅读、浏览性阅读、参考性阅读等。

按照阅读在幼儿园一日活动中的不同进行划分，可分为语言活动中的阅读、数学活动中的阅读、科学活动中的阅读、艺术活动中的阅读、体育活动中的阅读等。

按照阅读所处空间的不同进行划分，可分为幼儿园阅读教育活动、户外阅读教育活动、家庭阅读教育活动等。

第二节　幼儿早期阅读活动的设计方法与步骤

引导案例

故事

小熊住山洞

小熊一家住在山洞里，熊爷爷对小熊说：“你去砍大树，我们造间木头房子住。”

春天，小熊走进树林，说：“啊！树上长满了绿叶，我舍不得砍。”

夏天，小熊走进树林，说：“啊！树上开满了鲜花，我舍不得砍。”

秋天，小熊走进树林，说："啊！树上结满了果子，我舍不得砍。"

冬天，小熊走进树林，说："啊！树上站着许多小鸟，我舍不得砍。"

过了一年又一年，小熊终究没有砍树造房子，还是高高兴兴住在山洞里，树林里的小动物都很感激小熊一家，他们送给小熊一束束美丽的鲜花。

活动名称

小熊住山洞（大班）

活动目标

1. 通过有序地观看图书、阅读画面，基本理解画面的人物形象和故事情节。

2. 根据画面的提示，能够大胆讲述故事中小熊的语言，认读汉字：春天、夏天、秋天、冬天。

3. 感受小熊珍惜树木、关爱他人的情绪情感，体验关心他人的快乐。

活动准备

1. 投影仪。

2. 人手一册幼儿用书。

活动过程

1. 通过提问引出故事

教师："小朋友们，你们认识小熊吗？你们知道小熊的家住在哪儿吗？""下面，我们一起来读一篇故事，故事的名字叫《小熊住山洞》。"

2. 幼儿自主阅读图书

（1）教师："一天，熊爷爷要小熊去砍大树造间木房子，小熊砍树造房子了吗？下面请小朋友打开画册，一页一页接着往下看。"

（2）幼儿打开画册，自主阅读图书，教师在幼儿阅读的过程中，观察了解幼儿的阅读情况。

（3）请一两位幼儿在大家面前说说：“你看书时有什么地方没看懂？”

3. 出示用投影仪放大的幼儿用书，幼儿欣赏故事《小熊住山洞》

教师一边讲述故事，一边引导幼儿有序地观看图书，让幼儿初步了解书中的主要内容。

（1）教师：“故事里有谁？小熊的家住在哪里？熊爷爷对小熊说了什么？”

（2）教师：“你们能看出来这是什么季节？小熊走进树林，树林是怎样的？小熊说了什么？”

（3）教师：“后来，小熊和爷爷住在哪里？他们快乐吗？为什么？”

（4）教师：“森林里的小动物为什么送花给小熊？他们快乐吗？为什么？”

4. 完整阅读故事

教师带领幼儿完整地阅读故事，鼓励幼儿有表情地讲述小熊的语言。

5. 组织幼儿讨论，以思考性问题迁移新经验

（1）教师：“你们喜欢小熊吗？为什么？”

（2）教师：“我们应该怎样向小熊学习呢？”

活动评价

在整个学习活动中，教师始终以幼儿为主体，调动每个幼儿思维的积极性，在活动中，幼儿运用了多种感官，在观察、讨论、模仿中积累了阅读经验，由浅入深，循序渐进，充分体现幼儿的主体地位，顺利完成了活动设置的目标。同时，教师在活动中，遵循感受理解、体验迁移、想象创造的阅读规律和幼儿的年龄特点，充分调动幼儿视、听、说等多种感觉器官来分析书中内容，激发幼儿阅读兴趣，帮助幼儿学习阅读的基本技巧，初步培养幼儿自主阅读能力。这一简单的故事情节让幼儿体会到小熊珍惜树木、关爱他人的真情，这一点更能打动幼儿的心，让幼儿体会到关爱他人的快乐，萌发环保意识。

幼儿早期阅读活动是有计划、有目的的教育活动，在实施早期阅读活动时，怎样促使幼儿积极主动地参与阅读学习，是早期阅读教育的一个重点。下面结合本节引导案例“小熊住山洞”，讲解幼儿早期阅读活动的设计方法与步骤。

一、幼儿自己阅读

在阅读活动开始时，教师首先应创设让幼儿自己阅读的机会，让幼儿自由地接近阅读活动的学习内容，观察认识对象，获得有关的信息。在幼儿自己阅读的过程中，教师要巧妙地进行引导。

在本节引导案例“小熊住山洞”中，教师通过提问“小朋友们，你们认识小熊吗？你们知道小熊的家住在哪儿吗？”引出阅读主题，然后通过提问“一天，熊爷爷要小熊去砍大树造间木房子，小熊砍树造房子了吗？”引起幼儿的阅读兴趣，使其带着问题在阅读中寻找答案。

二、教师与幼儿一起阅读

教师与幼儿一起阅读，就是教师带领幼儿进一步学习理解这些书面语言信息。教师应按照自己的理解，将要求幼儿掌握的书面语言信息贯穿到整个阅读过程中。如在“小熊住山洞”活动的第二个环节，教师通过投影仪演示图书，带领幼儿一起阅读故事。

三、围绕阅读重点开展活动

每一次阅读活动均有一定的重点，教师应针对重点细致准备，并能有计划地在活动中贯彻落实。教师可以组织幼儿围绕阅读重点开展活动，帮助幼儿更加深入地掌握学习内容。在“小熊住山洞”活动中，教师在阅读过程中，提出了若干问题，使幼儿对阅读内容有了更加丰富和详细的认知。

四、归纳阅读内容

归纳阅读内容的主要作用在于帮助幼儿巩固、消化所学的知识，是整个活动中必不可少的一个组成部分。归纳阅读内容有多种组织方式，如竞赛、表演、游戏等，在“小熊住山洞”活动中，教师就是通过表演的方式，鼓励幼儿有声有色地讲述小熊的语言，来实现“春天、夏天、秋天、冬天”等汉字的认读和进行珍惜树木、关爱他人的情感教育。

第三节　幼儿早期阅读活动设计与指导参考案例

一、小班早期阅读活动设计与指导

案例一

活动名称

谁咬了我的大饼（小班）

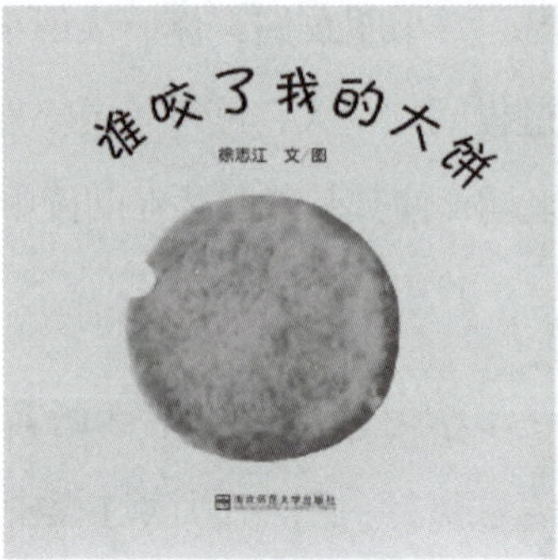

活动目标

1. 欣赏、熟悉并初步理解故事内容，模仿简单语句。

2. 体会故事的趣味性，其有浓厚的阅读兴趣。

3. 初步知道动物的牙痕是不一样的，并能辨认出不同牙痕特征所对应的动物。

活动准备

故事绘本，课件，动物教具，其他动物和小猪的对比图片。

附：故事

谁咬了我的大饼

小猪做了一块好大的饼，累得睡着了。

等他醒来一看自言自语道：“咦，是谁咬了我的大饼呢？”

小猪问小鸟：“是你咬了我的大饼吗？”

小鸟说：“不是我，不信我咬给你看——”说着小鸟在大饼上咬了一口。小猪看到后十分肯定地说：“嗯，果然不一样。”

小猪问兔子：“是你咬了我的大饼吗？”

兔子说：“不是我，不信我咬给你看——” 说着兔子在大饼上咬了一口。小猪看到后十分肯定地说：“嗯，果然不一样。”

小猪问狐狸：“是你咬了我的大饼吗？”

狐狸说：“不是我，不信我咬给你看——” 说着狐狸在大饼上咬了一口。小猪看到后十分肯定地说：“嗯，果然不一样”。

小猪问鳄鱼：“是你咬了我的大饼吗？”

鳄鱼说：“不是我，不信我咬给你看——”说着鳄鱼在大饼上咬了一口。小猪看到后十分肯定地说：“嗯，果然不一样。”

小猪问河马："是你咬了我的大饼吗？"

河马说："不是我，不信我咬给你看——" 河马张大了嘴巴……只是轻轻地咬了一小口…… 小猪惊呆了："啊？这么大一口啊，看来，肯定也不是你了。"

这时候小猪的肚子饿得咕咕叫，啊呜，他也在大饼上咬了一口。

"吧唧吧唧"，他一边嚼着大饼，一边想："究竟是谁咬了我的大饼呢？"

活动过程

1. 通过提问引出故事

教师出示绘本首页，通过提问引起幼儿兴趣，让幼儿带着问题听故事。（图片中的饼干为什么少了一块？是谁吃了呢？）

2. 朗读故事并提问

教师带领幼儿欣赏课件，为幼儿朗读故事，并提问：

（1）小猪看到饼干被吃了，都问了哪些小动物呢？（每当幼儿回答一个，就出示一个动物教具）

（2）当小猪问完小动物后，小动物们都做了什么事情呢？

（3）那你们知道饼干到底被谁咬了一口吗？（请幼儿说出自己的答案）

3. 回忆故事内容，让幼儿对比牙痕的区别

教师："小朋友们说了好多答案，那现在让我们看看小动物们的牙痕，到底是谁咬了小猪的大饼呢？"

教师："请小朋友们说一说，小猪都问了谁？"

小鸟。教师拿出小鸟教具，展示小鸟牙痕和小猪牙痕的图片，引导幼儿描述小鸟牙痕（尖尖的，小小的），并和小猪牙痕进行比较。

兔子……

狐狸……

鳄鱼……

河马……

教师："小朋友们觉得小动物的牙痕一样吗？你们记住了图片上的牙痕都是哪个小动物的吗？"

教师再次展示出牙痕图片，让幼儿辨认，并提问幼儿"到底是谁咬了大饼？"让幼儿深刻辨别不同动物的牙痕，明确知道了是谁咬了大饼，理解故事内容。

4. 回顾阅读

教师拿出绘本，与幼儿共同回顾故事内容。

5. 活动延伸

请幼儿佩戴动物头饰回顾故事情节。

活动评价

本次活动选取了适合小班幼儿阅读的绘本故事，活动准备充分，活动环节设计循序渐进，多次重复和对比，加强幼儿对阅读内容的理解，很好地实现了教育目标。

案例二

活动名称

山上来了只大猩猩（小班）

活动目标

1. 感受故事中的角色，理解故事的意图。

2. 懂得分享的道理，培养乐意帮助别人的品质。

3. 愿意将自己喜欢的故事分享给小朋友。

活动准备

课件、音乐、玩偶。

活动过程

1. 活动导入（手指操）

教师：“伸出你的小手上拍拍，伸出你的小手下拍拍，伸出你的小手转一转，伸出你的小手坐下来。”

教师：“小朋友们，今天老师准备了一个好听的故事，你们想听吗？”（想）

教师：“现在小朋友们就要把小手放平整，小耳朵竖起来，小嘴巴不讲话，认真听老师讲哦！”（幼儿整理坐姿）

2. 讲故事（带有肢体动作配合故事情节）

教师：“老师要给小朋友们讲的故事的名字叫作《山上来了只大猩猩》。让我们一起听一听，大猩猩来到山上后会发生什么有趣的事情呢！”

在一座小小的山上，有一片茂密的树林，一块碧绿的草地，还有一眼汩汩流淌的清泉。一只流浪的大猩猩经过这里，很喜欢，他决定留下来。

他叉着腰，在山头上走来走去，一边走，一边说："嗯，不错，以后这儿就是我的地盘，树林是我的，草地是我的，泉水也是我的。"

一只住在山脚下的小松鼠，蹦蹦跳跳地跑了上来。

大猩猩拦住了他："站住，你来干什么？"

"哦，我肚子饿了，想到树上采点松果。"

"不行，现在这里是我的地盘，树林是我的。"

"啊，不会吧，这树林是大家的。"

大猩猩挥了挥那像大铁锤一样的拳头，说："你信不信，我一拳能把你嘴里的牙全部打掉。"

"啊！"小松鼠吓得捂住了自己的嘴巴，赶紧跑掉了。

兔妈妈带着她的宝宝，来到山头上。

大猩猩像一座小山一样挡住了她们的去路："上哪里去啊？"

"我带宝宝们到草地上吃点嫩嫩的青草。"

教师："小朋友们，你们说大猩猩会让兔妈妈和她的宝宝去吃嫩嫩的青草吗？"

幼儿："不会。"

教师："小朋友们都很聪明，我们继续读故事，看看发生了什么。"

大猩猩对着兔妈妈说："现在这里是我的地盘，草地是我的。"

"啊，以前我们一直在这吃草的，什么时候草地成了你的啦？"

大猩猩瞪着大大的眼睛说："哼，你信不信，我能把你的宝宝全部踢飞。"

"啊！"兔妈妈带着宝宝赶紧逃跑了。

山上来了一只霸道的大猩猩的消息，传到了山下大象的耳朵里。"我去会会他！"大象慢吞吞地说。

大象稳稳地走到了泉眼那里，悠闲地喝着清甜的泉水。

大猩猩气势汹汹地来了，他大声地吼道："这是我的泉水！"

可是，大象像没有听到一样，还是低头喝着泉水。

大猩猩举起了大拳头，对着大象的肚子就是一拳，可是，他觉得好像打在了有弹性的墙壁上。他又用脚对着大象的腿使劲地踢去，却又像踢到了硬硬的柱子上。

对于大猩猩的举动，大象好像没有一点儿感觉，连眼皮都没有抬一下，他还是低头喝着泉水，就好像大猩猩不存在一样。半天，大象喝饱了，这才抬起头来。看看大猩猩，然后用鼻子很轻松地把他卷到了空中。大猩猩在空中四脚乱蹬，吓得大喊："啊，救命啊，求你放了我吧。"大象这才把大猩猩轻轻放到了地上。大猩猩一落到地上，就赶紧回到自己的窝里，背上他的包袱就往山下走去。

教师："大猩猩最后被谁给制服了呢？"

幼儿："大象。"

教师："对，小朋友们认真听讲了呢！那大象为什么要制服大猩猩呢？"

幼儿："因为他不让小松鼠采松果，因为他不让兔妈妈和兔宝宝吃草。"

教师："是呀，因为大猩猩不让小松鼠采松果，不让兔妈妈和兔宝宝吃青草，不让大象喝泉水。他实在是太霸道、太自私了。"

教师："如果你们是小松鼠、兔妈妈或大象，你们会原谅大猩猩吗？"

幼儿："不会（会）。"

教师："让我们看一看大象是怎么做的吧。"

大象说："你这是干吗？"

大猩猩抹着眼泪说："算你厉害，这个地盘是你的了，我走了！"

"哈，我可不是来抢你地盘的，你可以留下来。"

"啊，真的吗？"大猩猩感到很意外。

"但你今后要换个说法。"

"什么说法？"

"那就是：树林是大家的，草地是大家的，泉水是大家的，可以吗？"

"嗯！嗯！"大猩猩红着脸使劲儿点头。

教师："大象有没有原谅大猩猩呀？"

幼儿："原谅了。"

教师："大象原谅了大猩猩，我们也应该向大象学习，要懂得帮助别人，也要大度。不能像大猩猩一样自私霸道，我们要懂得分享。"

活动延伸

教师："小朋友们喜欢这个故事吗？"

幼儿："喜欢！"

教师："你们愿意将自己喜欢的东西分享给小朋友吗？"

幼儿："愿意。"

教师："那等小朋友们回家之后，让爸爸妈妈给自己讲一个小故事，明天来了将自己听到的故事分享给其他小朋友，好不好？"

幼儿："好！"

活动评价

通过故事《山上来了只大猩猩》让幼儿懂得不能做自私的小朋友，要懂得与别人分享。通过读故事培养幼儿良好的阅读兴趣和习惯，让幼儿体会到阅读的乐趣，从而终身受益。

案例三

活动名称

大口袋（小班）

活动目标

1. 通过阅读绘本，理解故事内容。

2. 懂得关心体贴妈妈，体验为妈妈做事的快乐。

3. 产生阅读绘本的兴趣。

活动准备

1. 绘本，课件，音乐《小袋鼠》。

2. 袋鼠头饰和有口袋的围裙一个。

附：故事

大口袋

袋鼠妈妈胸前有个大口袋，她出门买东西，大口袋里装着好几只袋鼠娃娃。袋鼠妈妈买了很多很多东西：水果、火腿肠、玩具……这么多东西，怎么拿得动呢？袋鼠娃娃一只一只从口袋里跳出来，笑嘻嘻地对妈妈说："别急，别急，我们也有大口袋！"一只袋鼠娃娃口袋里装满了水果，一只袋鼠娃娃口袋里装满了火腿肠，一只袋鼠娃娃口袋里装满了玩具…… 袋鼠妈妈走在前面，袋鼠娃娃一只一只跟在后面，像一列小火车。呜呜呜！小火车开回了家。

活动过程

1. 教师打扮成袋鼠妈妈，情景导入

教师："小朋友们看看我是谁?"（袋鼠妈妈）"谁愿意做我的袋鼠娃娃呢？我有这么多的袋鼠娃娃真开心，我们一起唱歌吧！"（音乐起，幼儿边唱歌边扮演"小袋鼠"）

教师："袋鼠娃娃，你们知道妈妈身上有一个什么吗?"（大口袋）

教师："袋鼠妈妈的大口袋里可以装些什么呢？我们一起来看一本书，名字叫《大口袋》。"

2. 阅读绘本并理解故事

（1）幼儿围坐在教师身旁自由阅读绘本。

教师："你们看到的这本书里有什么？猜猜发生了什么事情?"（引导幼儿根据自己看到的画面依次讲述）

（2）看课件理解故事。

教师："我们一起来看一看到底是怎么回事！"（完整欣赏课件一遍）

教师提问：

1）袋鼠妈妈的大口袋里装了什么？袋鼠妈妈买了哪些东西？

2）袋鼠妈妈的口袋装不下了，怎么办呢？小朋友们想个办法吧！（请幼儿表述）

3）袋鼠娃娃看到袋鼠妈妈拿不了东西了，他们是怎样做的，又是怎样说的呢？（引导幼儿学说小袋鼠的话）

（3）教师小结。

教师："袋鼠娃娃都是好孩子，帮助妈妈拿东西。我们也要向袋鼠娃娃学习。"

3. 游戏活动：帮妈妈装东西

（1）教师：“妈妈也买了很多东西，看，（幼儿一起说）这是红红的苹果、黄黄的梨，这是绿绿的青菜、紫紫的茄子……这么多东西，妈妈怎么拿得动呢？”

（2）教师：“你会帮妈妈装东西吗？装好后，告诉边上的好朋友，你的口袋里装了什么？”

（3）幼儿扮演小袋鼠到各个桌上装东西。

（4）教师：“时间不早了，袋鼠娃娃，跟妈妈一起来开小火车回家吧！”（火车音乐起，教师带领幼儿在教室里走一圈，走到室外结束活动）

活动评价

本次活动将游戏融入幼儿阅读，加深幼儿的阅读感受及对故事内容的理解，并培养了幼儿关心家人的情感，较好地完成了教育目标。

二、中班早期阅读活动设计与指导

案例一

活动名称

三只小猪上幼儿园（中班）

活动目标

1. 幼儿在看看、听听、讲讲、玩玩中理解故事的主要情节。

2. 观察图书中三只小猪的行为变化，能根据服饰区分猪小弟和猪小妹。

3. 让幼儿联系自己的经验，谈谈该怎样上幼儿园。

活动准备

1. 放大版图书一本。

2.《三只小猪上幼儿园》图书（人手一册），指偶。

附：故事

三只小猪上幼儿园

牧场里开满了花朵，蜜蜂“嗡嗡”地飞来飞去。就在这个时候，三只小猪木木、花花和哼哼出生了。

三只小猪每天在牧场里跑来跑去，调皮捣蛋。三只小猪也想帮忙做家务事，但是你看，就是这样子。猪妈妈和猪爸爸商量道：“送孩子们到幼儿园去吧，怎么样?”“嗯，那样也好。”猪爸爸说。

第二天早上，木木、花花和哼哼就跟着妈妈到幼儿园去了。“哇，这么多小猪呀。”三只小猪吓了一跳。

“来，大家先来打个招呼。”猪妈妈说。

“老师早！”三只小猪小声地说。

“小朋友早！”老师说。

忽然，木木大声哭起来：“妈妈不见啦。”于是，花花和哼哼也跟着哭叫：“妈妈！妈妈！”其他小猪很开心地做体操了，木木、花花和哼哼却一直向着牧场那边看。

“嘟—嘟！”老师吹起了哨子。

“木木、花花、哼哼，来，跟大家一起来赛跑，要摸一下白杨树，才能跑回来哦。看看谁能跑第一。来，站在我旁边，排在这里，这儿有空位呢。”老师说。

小猪们排好了队。

“预备，跑！”

真快，真快，三只小猪都跑得好快。大家都休息啦，看，三只小猪精神抖擞地又跑了一圈。

放学了，猪妈妈来接三只小猪。

"老师，再见!"

"小朋友，再见!"

三只小猪告诉老师和朋友们："我们明天还来玩，我们喜欢上幼儿园了。"

木木、花花和哼哼，三只小猪一路赛跑回牧场去了。

活动过程

1. 导入

（1）幼儿自己阅读图书，了解画面。

教师："小朋友们喜欢看书、听故事吗？今天老师也为你们准备了一本书，我们一起来看一看。"

（2）让幼儿自己阅读一遍，教师观察。

2. 教师与幼儿一起阅读，理解故事内容

教师与幼儿一起看书，用提问的方式帮助幼儿观察和讨论画面内容，并设计一些过渡性的问句，让幼儿串联前后画面，从而理解故事情节的发展。

（1）教师："三只小猪分别叫什么名字？他们在家里乖吗？"

（2）教师："猪爸爸和猪妈妈商量了什么事呢？他们又会发生什么事情呢?"

（3）教师："三只小猪来到了幼儿园，他们怎样跟老师打招呼呢？"请幼儿学说对话（幼儿集体与教师分角色）。

（4）教师："你们看发生了什么事情?"（小猪木木站在旁边哭了，不和大家一起做操）

（5）教师："小猪木木看见妈妈不在了，哭了起来，这时老师想了个什么办法呢？三只小猪有没有和其他小猪一起参加比赛呢？"

（6）教师："三只小猪在比赛中的表现怎样啊？大家休息的时候三只小猪还在干什么呀？"

（7）教师："放学了，猪妈妈来接小猪了，小猪又对老师说了什么话？"请幼儿学说对话（幼儿集体与教师分角色）。

3. 教师引导幼儿阅读

教师组织幼儿自由地翻阅图书，引导幼儿仔细观察三只小猪的穿着打扮、动作表情等外部特征。

（1）教师："三只小猪都穿了什么颜色的衣服啊?"

（2）教师："你能找找哪个是猪小妹，哪个是猪小弟呢？为什么，你从哪里看出来的呢？"（幼儿讨论）

（3）教师："点点画面中各有几只猪小弟和猪小妹呢？请来数一数。"

4. 师幼讲述故事

教师："三只小猪对老师有礼貌，又能和其他小猪一起开心地玩游戏，真棒！我们拍拍手表扬一下他们。现在我们一起来讲一讲这个故事，好吗？"（用指偶分角色表演）

5. 联系生活实际，迁移经验

（1）教师："小朋友们喜欢上幼儿园吗？"

（2）教师："你们在幼儿园喜欢做什么？有什么快乐的事？"

（3）教师："如果你是小猪，你会怎样上幼儿园呢？"

6. 活动结束

教师："三只小猪在幼儿园过得开开心心的，我们也像他们一样一起和同伴玩游戏去吧！"

活动评价

"三只小猪上幼儿园"活动是结合幼儿上幼儿园的实际情况展开的：三只小猪被妈妈送入幼儿园，它们逐渐认识集体，融入集体生活，并渐渐喜欢幼儿集体。活动中渗透了礼貌用语，如"老师早""老师好""老师再见"等，培养幼儿在日常生活中使用一些常用礼貌用语，锻炼幼儿的语言能力。

案例二

活动名称

有趣的嘴巴（中班）

活动目标

1. 幼儿在看看、猜猜、玩玩的活动中，初步认识动词"吃、唱、喝、吹"。

2. 通过游戏，激发幼儿对前识字活动的兴趣。

活动准备

1. "吃、唱、喝、吹"字卡每人一套，大字卡及相应图片一套。

2. 吹泡泡玩具。

活动过程

1. 感知认读

（1）表演吃饭。

1）教师："我在做什么？"

2）教师："想不想和我一起表演？"（幼儿边表演边跟着教师说："我用小嘴吃吃饭，吃吃吃，MIA MIA MIA"）

3）教师："这个动作我们可以用一个字来表示。"（出示汉字"吃"，共同认读）

4）教师："除了吃饭还可以吃什么？"（巩固认识"吃"字）

（2）表演唱歌。

1）教师："刚才我在做什么？"

2）幼儿共同表演并认读汉字"唱"。（我用小嘴唱唱歌，唱唱唱，LA LA LA）

（3）表演喝水。

1）教师："我又在做什么？"

2）幼儿共同表演并认读汉字"喝"。（我用小嘴喝喝水，喝喝喝，咕噜噜咕噜噜）

3）教师："小嘴还能喝什么？"（个别幼儿边说边表演，其余幼儿跟学，巩固认识"喝"字）

（4）表演吹泡泡。

1）教师："刚才我做什么了？"

2）幼儿共同表演并认读汉字"吹"。（我用小嘴吹泡泡，吹吹吹，HU HU HU）

2. 迁移小结

（1）教师："刚刚你们从老师的动作中猜出了哪四个字呀？"（幼儿逐一跟读）

（2）教师："这四个字宝宝长得一样吗？那它们有一样的地方吗？你们能不能把它找到呢？"（引导幼儿发现"口"字旁）

（3）教师："为什么这些字宝宝都有一个'口'字呢？"（出示"口"字及图片）

（4）教师小结："我们刚才做的动作都与嘴巴有关，所以这几个字宝宝旁边都有一个'口'。"

3. 趣味游戏

（1）拍字卡。

教师："字宝宝想来跟你们拍拍手，我把字宝宝拿到哪个小朋友前面，哪个小朋友就用小手来拍拍它，边拍边把它念出来。"

（2）说字卡。

教师：“现在这些字宝宝想跟你们做个游戏，我把哪个字宝宝请出来，你们就把它念出来，我举得高，你们就用大大的声音说，我举得低，你们就用小小的声音说。”

（3）找字卡。

1）教师：“我们小朋友太聪明了，这四个字宝宝想跟你们每个人都做好朋友，它们已悄悄地藏在了你们的小椅子下面，请你们把它找出来，认一认、念一念它们。”（幼儿自己拿好材料认读这四个字）

2）教师：“现在老师想跟你们做个游戏，我来做一个动作，请你们根据这个动作把相应的字宝宝找出来并举起来给我看一看。”（教师做动作，幼儿举卡片）

3）请个别幼儿做动作，其余幼儿找出相应汉字。

4. 活动结束——送字宝宝回家

教师：“字宝宝与小朋友们玩了这么久要回家了，想请我们小朋友来帮忙，它们的家就在前面，送的时候看清楚字宝宝家的图片里做的是什么动作，然后把你手中相应的字宝宝放到它的家里去。”（幼儿送字卡，教师观察指导）

活动评价

《幼儿园教育指导纲要（试行）》中强调让幼儿在愉快的氛围中快乐学习。幼儿早期识字阅读主要是通过游戏活动来发展幼儿的记忆力和注意力，因此它是一种玩与学相结合的教学过程。“有趣的嘴巴”活动正好反映了这一事实，充分体现了幼儿语言教育的理念，在玩中学，在学中乐。

案例三

活动名称

猜猜我有多爱你（中班）

活动目标

1. 倾听故事，感知可爱的大兔子和小兔子之间真挚深切的母子深情。

2. 通过表演和对话交流，体验母子之情。

3. 能在集体面前大胆讲述自己对父母的爱，表达自己的情感。

活动准备

绘本，课件。

活动过程

1. 播放课件，引导幼儿观看并猜测

（1）《猜猜我有多爱你》这本书的封面上画有一大一小两只兔子，小兔子抓住大兔子的耳朵，仿佛在说些什么。教师引导幼儿看图，猜猜他们对话的内容，从而引出故事的题目——猜猜我有多爱你。

（2）教师："在这几个字中，有一个字最重要，什么字？"（爱）"因为这是一个关于爱的故事。讲的是谁的故事呢？"（小兔子和大兔子）"小兔子和大兔子之间到底发生了什么故事呢？你们要仔细听哦。"

2. 品读正文，分层感悟，体验情感

教师要绘声绘色地朗读，适时加些自己的语言承接，幼儿静听。

小兔子要上床睡觉了，它紧紧抓着大兔子的长耳朵，要大兔子好好地听他说。

"猜猜我有多爱你？"小兔子问。

"噢！我可猜不出来。"大兔子笑笑说。

"我爱你这么多。"小兔子把手臂张开，开得不能再开。

大兔子有双更长的手臂，它张开来一比，说："可是，我爱你这么多。"

小兔子动动右耳，想："嗯，这真的很多。"

教师："小朋友们，小兔子用了一个什么动作来表达对大兔子的爱呀？"（手张开）"站起来做做看，张到无法再张开。他还说了一句什么话？"（我爱你有这么多）"大兔子也把手张开，张到无法再张开，说——我爱你有这么多。为什么要张到无法再张开？"（比谁的爱更多）

教师："老师和第一排同学也来张开手臂比一比，看谁的爱更多。""哦，看来还是老师的爱更多哟。这次小兔子的爱没有大兔子的多，他又是怎么做的呢？我们接着来听。"

"我的手举得有多高，我就有多爱你。"小兔子说。

"我的手举得有多高，我就有多爱你。"大兔子说。

这可真高，小兔子想，我要是有那么长的手臂就好了。

教师："这一次，小兔子用了一个什么动作来表达对大兔子的爱呀？"（手举高）"请一名小朋友上台演，谁来和他比，看谁的爱多？还能怎样做？"（踮脚尖）"小兔子为什么会这样想呢？他为什么要长长的手臂呢？"

教师小结："小兔子渴望自己有双长长的手臂，这样他就能伸得很长，举得很高，向大兔子表达更多的爱了！”

教师：“接下来，小兔子还用了什么方法来表达自己对大兔子的爱？我们继续听故事。”

小兔子又有了一个好主意，他倒立起来，把脚撑在树干上。“我爱你一直到我脚趾头。”他说。

大兔子把小兔子抱起来，甩过自己的头顶，“我爱你一直到你的脚趾头。”

“我跳得多高，就有多爱你！”小兔子笑着跳上跳下。

“我跳得多高，就有多爱你！”大兔子也笑着跳起来。她跳得那么高，耳朵都碰到树枝了。

这真是跳得太棒了，小兔子想，我要是能跳得这么高就好了。

教师：“小兔子是怎么跳的？他跳一下就够了，为什么跳这么多下呢？”

教师小结：“小兔子跳这么多下，就是想跳得再高一点，再高一点，告诉大兔子，他有多爱她。”

教师：“大兔子跳得有多高呀？（耳朵碰到树枝）为什么小兔子也想跳这么高呢？”

教师小结：“小兔子想跳这么高，因为他很想很想告诉大兔子，他有多爱她。”

教师继续讲故事，幼儿通过聆听、观察和互动，感受母子的爱。

“我爱你，像这条小路伸到小河那么远。”小兔子喊起来。

“我爱你，远到跨过小河，再翻过山丘。”大兔子说。

这可真远，小兔子想。他太困了，想不出更多的东西来了。

他望着灌木丛那边的夜空，没有什么比黑沉沉的天空更远了。

“我爱你一直到月亮那里。”说完，小兔子闭上了眼睛。

“哦，这真是很远，”大兔子说，“非常非常的远。”

大兔子轻轻将小兔子放到叶子铺成的床上，低下头来，亲亲他，祝他晚安。

然后，大兔子躺在小兔子的旁边，小声地微笑着说：“我爱你，从这里一直到月亮，再……绕回来。”

教师：“小兔子对大兔子的爱，变得怎么样了？”

教师小结：“小兔子的爱，越来越多了。”

3. 迁移经验，体验爱的情感

教师：“小朋友们，这个故事的爱多吗？在你的家里，你最爱谁呢？睡觉前，可以跟你最爱的人说‘猜猜我有多爱你’。在幼儿园里，有没有你最爱的人？有没有你最爱的小伙伴呢？课间，可以跟你最爱的老师或同伴说‘猜猜我有多爱你’。”

活动延伸

教师："小朋友们，听完小兔子和大兔子的故事，你们肯定想对爸爸和妈妈表达自己的爱。这样吧，我们把这些想法画成一幅画，然后给他们看，好吗?"

活动评价

《猜猜我有多爱你》是一则优美的、表达浓浓爱意的故事，本次活动目标是让幼儿在优美的意境中欣赏故事，理解故事内容，引导幼儿学说小兔子和大兔子的对话。通过重点句"……有多……，我对你的爱就有多……"引导幼儿学会爱并能够表达爱。

三、大班早期阅读活动设计与指导

案例一

活动名称

咔嚓（大班）

活动目标

1. 了解《咔嚓》书里的主要内容，感受重复有节奏的语言特点，具有一定的前阅读能力。
2. 学习口头语言与书面语言的对应关系，能用指读方式手眼协调地进行阅读。
3. 喜欢阅读图画书，愿意模仿书中的句式进行仿编活动。

活动准备

1. 课件。
2. 《咔嚓》图画书（人手一本）。
3. 主要人物图卡一套，大剪刀学具一把，白纸与各种可供仿编图卡四套。

附：故事

咔　嚓

快看我的大剪刀，今天剪点儿什么好?

这根绳子真不错，咔嚓剪断刚刚好!

不要，不要！秋千的绳子不能剪，咔嚓太太别胡闹!

这根绳子真不错，咔嚓剪断刚刚好!

不要，不要！我的辫子不能剪，咔嚓太太别胡闹!

这根绳子真不错，咔嚓剪断刚刚好！
不要，不要！拴牛的绳子不能剪，咔嚓太太别胡闹！
这根绳子真不错，咔嚓剪断刚刚好！
不要，不要！拴狗的绳子不能剪，咔嚓太太别胡闹！
这根绳子真不错，咔嚓剪断刚刚好！
不要，不要！拴船的缆绳不能剪，咔嚓太太别胡闹！
这根绳子真不错，咔嚓剪断刚刚好！
刚好，刚好！剪断了网绳放我逃！

活动过程

1. 出示大剪刀，引出活动主题。

教师："这是什么？看到大剪刀你会想到什么？剪刀剪东西的声音是怎样的?"（鼓励幼儿大胆回答问题）

幼儿自主阅读，初步感知故事的主要内容。

教师："这本书里有谁？讲了什么事情?"

2. 引导幼儿学会逐页翻书，并培养正确的阅读姿势。

3. 师幼共同阅读，掌握正确的画面与书面语言信息。

教师分段提问："你最喜欢哪一页？为什么?"（分段阅读加深幼儿对图画书的理解，引导幼儿掌握阅读的重要内容，感受重复有节奏的语言特点）

4. 集体再次阅读，引导幼儿完整掌握图画书内容。

5. 幼儿分组，仿编图画书。鼓励幼儿大胆地根据图画书中的句式进行仿编。

活动延伸

1. 将幼儿制作的"小图书"投放在阅读区，鼓励幼儿课间继续大胆仿编，激发幼儿的讲述欲望。

2. 在语言区提供图片材料，鼓励幼儿利用各种图片根据一定的句式大胆仿编，自主尝试制作图画书，分享与同伴合作仿编图书的乐趣。

活动评价

本次活动根据大班幼儿的年龄特点，充分综合了插画、文字两种表现的魅力，以动态夸张的咔嚓太太剪绳子为主线，诱发幼儿猜想各种绳子用途的好奇心，激发幼儿运用形象的语言，有声有色地讲述故事。通过幼儿自主阅读、师幼共同阅读、归纳阅读内容等环节，为幼儿营造一个规范、完整的阅读学习环境。

案例二

活动名称

母鸡萝丝去散步（大班）

活动目标

1. 仔细观察画面，尝试根据画面提供的细节猜测故事的发展。
2. 能大胆地表述自己对故事内容和情节发展的理解。

活动准备

绘本《母鸡萝丝去散步》及教学课件。

附：故事

母鸡萝丝去散步

这天，母鸡萝丝走出鸡舍去散步。它没有发现，一只狐狸从后面悄悄跟了上来。

萝丝穿过农家院子，身后的狐狸扑了上来。可它一脚踩到了钉耙，钉耙一个反弹，狠狠地打到了它的脸上。

萝丝绕过池塘，狐狸扑了上来，可它扑了一个空，栽到了池塘里。

萝丝翻过干草垛，狐狸扑了上来，可它一头扎了进去。

萝丝经过磨面房时脚钩住了一根线，狐狸扑上来时，上头的一袋面粉正好砸了下来。

萝丝钻过栅栏，狐狸扑了上来，可它跌到了栅栏这边的手推车里。

萝丝从蜂箱下面走了过去，可那辆手推车载着狐狸撞翻了蜂箱，狐狸被蜜蜂追得抱头鼠窜。

萝丝回到鸡舍，正好赶上吃晚饭。

活动过程

1. 出示封面，猜测故事的情节

（1）教师出示图书的封面："今天老师带来了一本书，名叫《母鸡萝丝去散步》，你们在这本书的封面里看到了什么？"

（2）教师："那你们来猜猜这个故事可能讲什么呢？"（幼儿大胆阐述自己的猜测）

2. 认真观察图片细节，尝试猜测故事的情节发展

（1）第一次尝试，根据图片猜测故事的发展。

教师讲述故事的第一、二页："母鸡萝丝走出家门散步了，一只饿得发慌的狐狸悄悄地跟在它的背后。萝丝走过院子，你在这幅画面里看到了什么？"

"母鸡萝丝会被吃掉吗？可能会是什么样的结果呢？谁来猜一猜、说一说？"（请幼儿猜测故事的发展）

教师小结："原来画面中藏着这么多的秘密，如果你仔细看画面还能讲出更多更好听、更有趣的故事。"

（2）展示池塘、干草垛、磨面房、栅栏和蜂箱的图片，分组猜测。

教师："萝丝散步还绕过了池塘，翻过干草垛，经过磨面房，钻过栅栏，走过蜂箱，在这些地方可能会发生什么样有趣的事情呢？请小朋友们先挑一幅画面仔细观察一下，再来猜测可能会发生的情况。"

（3）幼儿自由交流。

（4）对每幅图片，教师选择个别幼儿讲述。

3. 师幼完整阅读，感受作品的幽默和风趣

（1）师幼一起看课件，完整地讲故事。（可以请个别幼儿讲述）

（2）教师："关于这个故事、这本书，你们还有什么问题吗？"

活动评价

本活动通过绘本阅读来开展，符合幼儿的阅读特点，能激发幼儿的阅读兴趣。教师

在活动设计中，采用“猜一猜”的方法，调动幼儿主动性，并通过具体的细节分析和整体感知等步骤使幼儿对绘本故事有了深入的理解。

案例三

活动名称

年（大班）

活动目标

1. 通过阅读图画书《年》，了解关于“年”的民间传说，初步理解中国“年”的含义。

2. 知道庆祝新年的原因，感受故事中浓浓的中国情、中国味。

3. 在阅读中发展幼儿的观察力和语言表达能力。

活动准备

1. 绘本《年》。

2. 幼儿对“年”的形象有了一些认识。

活动过程

1. 展示画面，初次阅读

（1）观察画面，讲述故事的第一部分。

教师请幼儿仔细观察画面，用完整的语言说说看到了什么，在教师的引导下讲述故事的第一部分。

教师提问，帮助幼儿加深理解人物和情节。

1）“年”长得怎么样？“年”跑起来、叫起来又是怎样的？

2）“年”这么凶猛，有朋友吗？它心里会有什么感觉？

3）“年”跑进村子，把村子变成了什么样？

（2）观察画面，引出故事的第二部分。

1）师幼观察画面并讨论，教师引出问题：村子里留下了一位老爷爷，他为什么要留下，他做了什么事呢？

2）“年”看见火红火红的颜色，听到“哐当”的响声，然后发生了什么？

（3）揭示故事结局，引出故事的第三部分。

1）天亮了，人们回到村子发现了什么？他们是怎样庆祝的？

2）“年”害怕什么？

3）“年”最后变成了一个怎样的“年”？

2. 再次阅读

（1）幼儿在初次阅读后有了一些理解，通过再次观察画面，带着理解进行再次阅读，并说出故事的始末。

（2）教师小结，引出故事主题。

人们为了庆祝“年”的改变，从此以后，每年这个时候就会穿上红棉袄，挂上红灯笼，贴上红春联，敲锣打鼓放鞭炮，团团圆圆吃年夜饭，来迎接新年，这就是“过年”的来历。

3. 迁移经验

（1）谈论新年。

请幼儿谈谈自己在新年里做过的事情。

（2）感受新年。

阅读活动结束后，请幼儿在各个区域体验新年的年味，如在美工区剪窗花、做灯笼、写对联，在音乐区敲锣打鼓唱歌等。

活动评价

本次阅读活动表现出了浓浓的中国特色，具有浓烈的中国情、中国味。在活动中，先让幼儿观察画面并谈论其中的内容，在引导性的提问下理解人物和情节。接着，让幼儿在理解中再次阅读，引出故事的主题，继而迁移经验，让幼儿在回忆过年经验的同时体验中国的年味。在活动过程中，幼儿处在积极阅读的状态，观察能力得到了发展，语言表达能力得到了提升，思维能力得到了锻炼。

思考·练习

1. 如何指导幼儿进行早期阅读，培养幼儿的阅读兴趣？
2. 如何为幼儿选择适合的阅读材料，提高幼儿阅读水平？
3. 结合幼儿园实际情况为幼儿设计早期阅读活动，并说明设计理由与意图。